Unterwegs in den Stürmen der Zeit

Verlag Ludwig-Harms-Haus –Missionshandlung– 2010

Gewidmet

Gerhard Schulte,
einem treuen Weggefährten aus Studienzeiten
bis zum Ruhestand, und seiner Ehefrau Gisela, geb. Alfeldt

Unterwegs in den Stürmen der Zeit

Flucht, Berufung, Zweifel, Missionar
Lebensnahe Predigten eines Gemeindepastors i. R.

Eberhard Richter

Verlag Ludwig-Harms-Haus
–Missionshandlung–
2010

Bibliografische Information der Deutschen Nationalbibliothek
Die Deutsche Nationalbibliothek verzeichnet diese Publikation in der Deutschen Nationalbibliografie; detaillierte bibliografische Daten sind im Internet über http://dnb.d-nb.de abrufbar.

Umschlaggestaltung: Helene Pede, Ludwig-Harms-Haus

Verlag: Ludwig-Harms-Haus GmbH
– Missionshandlung –
Harmsstraße 2, 29320 Hermannsburg
www.ludwig-harms-haus.de

ISBN 978 3 937301 67 9

Vorwort

Predigt der Pastor im Ruhestand anders als der Pastor im aktiven Dienst? Generell kann ich die Frage nicht beantworten. Für mich möchte ich darauf aber mit einem eindeutigen „Ja“ antworten.

Ein immenser Unterschied liegt in dem Stressfaktor. Während meiner aktiven Dienstzeit litt ich darunter, dass ich Kreativität am laufenden Band produzieren musste. Vorträge bei Vereinen, Ansprachen auf Feiern, Bibelstunden, Konfirmandenunterricht, Amtshandlungen wie Taufen, Trauungen, Beerdigungen – manchmal mehrere in einer Woche – und dazu jeden Sonntag die Predigt.

Zu viele Besuche in der Woche beeinträchtigten die Konzentration auf die Predigt. Zu wenige Besuche führten dazu, dass den Predigten die Erdung fehlte – so empfand ich es. Obwohl ich mich rechtzeitig und intensiv auf Predigten, Ansprachen etc. vorbereitete, empfand ich den Stress als gewaltig und so manches Mal für die Tiefe abträglich.

Dieses Stressmoment ist nun im Ruhestand nicht mehr gegeben. Ich habe genügend Zeit zur Vorbereitung. Und für den Vortrag der Predigt empfinde ich es als sehr wohltuend, dass auch da genügend Zeit vorhanden ist. Ich komme nicht mehr gehetzt zum Gottesdienst. Etwa eine halbe Stunde vor Beginn bin ich da. Dadurch habe ich die Gelegenheit mit Küsterin, Organistin und Kirchenvorsteher zu reden. Und auch im Anschluss an den Gottesdienst verbleibt genügend Zeit für Gespräche mit den Gemeindegliedern. Diese Ruhe strahlt m. E. auch auf die Zuhörer aus.

Ein weiterer Punkt sind die Texte und Themen. Als aktiver Pastor habe ich mich an die vorgeschriebenen Predigttexte gehalten. Jetzt aber nehme ich mir die Freiheit und suche mir Texte und Themen aus, die mir im Hinblick auf Kirche und Gesellschaft bedeutsam erscheinen.

Selbst meine innere Haltung nehme ich mit in die Vorbereitung und Durchführung. In meinem Alter muss ich nichts mehr leisten, muss mir und anderen auch nichts mehr beweisen. Das schenkt eine große Gelassenheit.

So vermute ich, dass diese Gelassenheit auch für mehr Tiefgang sorgt. Für mich selbst bedeuten die Predigten im Ruhestand mehr Konzentration auf das Wesentliche.

Vielleicht empfindet es der geschätzte Leser ja auch so. Das wünsche ich allen.

Ihr
Eberhard Richter

Inhaltsverzeichnis

Christliche Gesinnung

1. Advent, 28.11.2004

Philipper 2,5-11

Abgesehen von der Weltpolitik haben zwei Themen in der Berichterstattung der Medien in den letzten Wochen einen gewissen Raum eingenommen. Da war auf der einen Seite die Integration von Ausländern in der Europäischen Gemeinschaft Gesprächsthema. Sie erinnern sich an die Vorgänge im Nachbarland Holland. Zum anderen gab es die Auseinandersetzung von Kirche und Einzelhandel über die kontinuierlich vorverlegte Werbung für das Weihnachtsgeschäft. Nicht nur Bischöfin Käßmann für die Hannoversche Landeskirche, sondern auch Bischof Weber für die Braunschweiger erinnerten daran, dass wir Menschen Zeit der Übergänge brauchen. Dazu gehört, dass wir wichtige Bereiche unseres Lebens nicht ausklammern oder verdrängen. So haben Volkstrauertag, Buß- und Bettag und Totengedenken ihren Wert und ihren Platz.

Ob Integration von Ausländern oder vom Christentum geprägte Feiertage – beide Themen haben mit Traditionsabbruch und Werteverlust zu tun. Durch wirtschaftliche Zwänge und durch Globalisierung gehen wir auf die multikulturelle Gesellschaft zu. Das bedeutet ohne Frage eine Relativierung der bisherigen Werte, Sitten und Bräuche. Und die materialistische und damit gottlose Frage nach dem „Was bringt mir das alles?" führt automatisch zu einem Verfall unserer Kulturgüter. Warum hat die Disco am Volkstrauertag nicht geöffnet?, fragt sich vielleicht der Jugendliche. Warum schickt es sich nicht, eine Party am Totensonntag zu feiern? Buß- und Bettag geopfert für die Pflegeversicherung, Nationalfeiertag für die Gesundheitsreform. Wenn die Christen weiterhin die zweiten Feiertage so sträflich behandeln, dann sollten sie sich nicht wundern, wenn demnächst Pfingstmontag, Ostermontag oder der zweite Weihnachtsfeiertag zur Disposition stehen.

Zu Beginn eines neuen Kirchenjahres sei die Frage gestattet: Wohin geht unsere Reise?

Jede Reise hat einen Ausgangspunkt und einen Zielpunkt. Wo stehen wir als Deutsche in Europa, in der Welt? Welchen Standpunkt als Christen vertreten wir in einer multikulturellen Gesellschaft?

Als Christ befrage ich zunächst einmal die Bibel. Für viele unserer Mitglieder ist das ja nicht mehr „in". Ich habe eine Antwort im neuen Testament bei dem Apostel Paulus gefunden. Da schreibt er im Brief an die Philipper im 2. Kapitel: *„Seid so unter euch gesinnt, wie es auch der Gemeinschaft in Christus Jesus entspricht."* Die alte Lutherfassung lautet: *„Ein jeglicher sei gesinnet wie Jesus Christus auch war."* Ich finde: Das ist eine gute Beschreibung für das Christentum. Wie Jesus Christus gesinnt war, so sind wir auch gesinnt. Deshalb nennen wir uns nach ihm ja auch Christen. Und wie dieser Jesus Christus gesinnt war, das folgt im Anschluss an diesen 5. Vers mit einem Lied, das dem Paulus wohl schon aus der christlichen Gemeinde bekannt war. Der Text steht in den Versen 6 bis 11:

Er, der in göttlicher Gestalt war, hielt es nicht für einen Raub, Gott gleich zu sein, sondern entäußerte sich selbst und nahm Knechtsgestalt an, ward den Menschen gleich und der Erscheinung nach als Mensch erkannt. Er erniedrigte sich selbst und ward gehorsam bis zum Tode, ja zum Tode am Kreuz. Darum hat ihn auch Gott erhöht und hat ihm den Namen gegeben, der über alle Namen ist, dass in dem Namen Jesu sich beugen sollen aller derer Knie, die im Himmel und auf Erden und unter der Erde sind, und alle Zungen bekennen sollen, dass Jesus Christus der Herr ist, zur Ehre Gottes, des Vaters.

Unser Gott, der Gott der Christen, wird Mensch, das feiern wir Weihnachten. Ein menschlicher Gott, das meint, dass Gott uns Menschen in Liebe zugewandt ist. Und wie das aussieht, das zeigt uns Jesus Christus. Selbstentäußerung ist das genaue Gegenteil des Ideals heutiger Menschen, die ihre Selbstverwirklichung anstreben – und das oftmals zu Lasten anderer. Ob das die Politik der Weltmacht ist, das wirtschaftliche Interesse der sogenannten ersten Welt oder allgemein der heute lebenden Generation, die im weithin hemmungslosen Verbrauch wenig oder gar nicht an nachfolgende Generationen denkt.

In dem Wort „Gesinnung" steckt der Begriff „Sinn". Es geht um etwas, das Sinn macht. Und die Frage richtet sich an Christen und Muslime:

Was gibt unserem Leben Sinn? Wie können wir unserem Zusammenleben Sinn geben? Dafür ist es zum einen notwendig, dass wir uns besinnen, dass wir uns Zeit nehmen, um über den Sinn nachzudenken und zum anderen gilt es, dafür die Adventszeit zu nutzen. Zur Besinnung gehört auch die Zielgerichtetheit. Ich konzentriere mich auf Jesus Christus, damit mein Christenleben wieder Sinn bekommt.

Aber der Apostel Paulus redet nicht nur von einer vielleicht inneren Haltung, einer Einstellung, so wichtig sie auch ist. Ihm geht es um das richtige Handeln, das natürlich aus einer rechten – das könnte jetzt missverständlich sein, deshalb sage ich lieber – aus einer richtigen Gesinnung – kommt. Richtige Gesinnung, richtiges Handeln, das muss sich an Jesus Christus orientieren, meinen wir Christen. Und das kann man an seinem Leben absehen.

Eingeweihte wissen, dass ich seit August dieses Jahres im Ruhestand bin. Während der nachfolgenden Vakanzzeit musste sich unsere Küsterin im Krankenhaus einer Operation unterziehen. Wir hatten also keinen Küster. Kurzerhand bin ich eingesprungen. Wissen Sie, was da ein Gemeindeglied zu meiner Frau sagte: „Dass sich Ihr Mann zu so etwas herablässt?"

Über diese Aussage habe ich mich maßlos geärgert. Welch eine Abwertung des Küsterdienstes. Es gibt viele Dienste in unserer Kirche und der Kirchengemeinde – ob das große oder kleine Dienste sind –, wenn sie fehlen würden, dann würde vieles eben nicht funktionieren. Alles zusammen ergibt ein Ganzes. Warum soll der Pfarrer ausgenommen sein, wenn es um einfache Arbeiten geht? Ich bin zwar der Meinung, dass ein Pastor oder eine Pastorin von vielen Dingen freigestellt werden sollte, damit er/sie sich um die wesentlichen Dinge kümmern kann, die sonst keiner tut, aber nur weil er vielleicht studiert hat, ist er doch nicht ausgenommen von den anfallenden Dreckarbeiten? Was wäre das für eine Sicht der Dinge! Christus nahm Knechtsgestalt an. Er diente ohne zu fragen, welchen Lohn er dafür bekommen würde.

Wenn wir als Christen einen gesellschaftlichen Beitrag leisten können, dann doch nur, wenn wir uns auf unsere christlichen Werte rückbesinnen.

Ich kann mir nicht vorstellen, dass die Gesellschaft unsere Dienste ablehnen würde, wenn wir uns als Kirche und Gemeinde oder als Einzelne unentgeltlich zur Mitarbeit anbieten würden. Aber wenn wir auf jede Anfrage mit der Forderung „Was bekomme ich dafür?“ reagieren, dann unterscheiden wir uns in nichts von den Nichtchristen. Ich nehme an, dass eine Gesellschaft solche Christen und ihren Glauben dann still und heimlich ablehnt oder sogar offen über Abschaffung diskutiert. Oder verstehen sie den Vorschlag eines deutschen Politikers zur Abschaffung eines zweiten christlichen Feiertages zugunsten eines islamischen nicht als offene Kritik gegenüber einem gedankenlos praktizierten Christentum?

Besinnt euch bei der Vorbereitung auf das Christfest auf das Eigentliche. Fragt nach dem Sinn für euch selbst und die Gesellschaft. Lebt die Liebe zu allen Menschen so, wie sie euch Jesus Christus vorgelebt hat – das ist der Aufruf des Apostels Paulus an euch mit seinen Worten.

Gott wird Mensch

Heiligabend, 24.12.2008

Lukas 2,12

Und das habt zum Zeichen, ihr werdet finden das Kind in Windeln gewickelt und in einer Krippe liegen.

Weihnachten ist wie kein anderes Fest, ein Fest der Sinne. Was fasziniert so an Weihnachten? Da gibt es etwas zu sehen. In vielen bunten Farben preisen Schaufenster und Leuchtreklamen Waren an. Lichterbögen in den Fenstern, bunte Lichterketten in Gärten und Straßen. Kerzen auf Tischen und an grünen Bäumchen in den Wohnstuben. Dazu kommen schon in der Vorweihnachtszeit die herrlichen Klänge bekannter Weisen. Es klingt und swingt in der trüben Jahreszeit fröhlich und beschwingt und versetzt uns in eine gewisse Stimmung.
Aber nicht nur die Augen und Ohren, sondern auch die Geruchs- und Geschmacksnerven bekommen etwas ab von dem Besonderen. Es duftet nach Lebkuchen und Plätzchen, nach Glühwein und dem frischen Tannengrün. Und in vielen Familien gibt es noch den Festtagsbraten. Meine Frau stammt aus der Heide, da gibt es Rehbraten, also Wild. Manche von ihnen werden sich gewiss die Mühe machen und eine Gans als traditionellen Festtagsbraten auf den Tisch bringen.

Aber Essen und Trinken, Geschenke und die besondere Atmosphäre – mit all dem kommen wir dem Geheimnis der Weihnacht noch nicht auf die Spur. Manche Menschen müssen auf vieles von dem eben Geschilderten verzichten, weil die Lebensumstände andere sind. In den südlichen Ländern herrschen jetzt andere klimatische Bedingungen und hierzulande wird die Zahl derer, die finanziell kürzertreten müssen, immer größer. Manche lehnen vieles an Weihnachtsbräuchen als Konsumterror oder als Gefühlsduselei ab. Aber auch die, die dem Trubel hier entfliehen wollen, und zu Ferien in die Südsee aufgebrochen sind, können sich dem Zauber der Weihnacht nicht entziehen. Sie erfüllen sich ihren Wunsch nach Wohlbefinden vielleicht am Strand einer Karibikinsel wie andere in einer Wellnessoase in der Heimat.

Weihnachten ist mehr als alles, was ich soeben aufgezählt habe. Weihnachten, das ist etwas, das in uns allen schlummert. Eine tiefe Sehnsucht, die in uns allen ruht, verbirgt sich hinter dem hebräischen Wort vom Schalom. Das meint einen umfassenden Frieden, wie er etwa in vielen Krippendarstellungen durch den Ochsen und den Esel angedeutet wird. In einem Bild des Alten Testamentes weiden Lamm und Löwe friedlich auf einer Wiese. So drückt sich die Wunschvorstellung des Menschen nach paradiesischen Zuständen aus. Das ist es, wonach wir uns im tiefsten Inneren sehnen, die eine, heile Welt, in der Mensch und Tier friedlich zusammenleben. Angesichts des Klimawandels würden wir heute wahrscheinlich eher von Einklang des Menschen mit der Natur reden. Das ist unser aller Hoffen und Sehnen. Und in so mancher Krippenszene ist das zumindest angedeutet. Maria und Josef mit dem Christuskind, die heilige Familie als Abbild der heilen Familie. Die Hirten bei der Familie im Stall als Abbild einer heilen Gesellschaft. Und die heiligen drei Könige als Vertreter der Menschheit. Wir können sie heute deuten als Symbol der Globalisierung.

Weihnachten kehrt unser Inneres nach außen. All das, was an Träumen, an Wünschen und Hoffnungen in uns das Jahr über verborgen liegt, das bricht zu Weihnachten auf.

Für mich ist das die Krippe. In diesem Futtertrog liegen all unsere geheimen Wünsche und Sehnsüchte. Und da hinein kommt Gott. Gott greift ein. Mit einem Zeichen, so heißt es in unserem Bibelwort.

Die leere Krippe, das sind unsere unerfüllten Wünsche und Träume. Und die werden nun durch das Christuskind erfüllt. Das Kind in der Krippe ist das Zeichen dafür, dass all unsere Träume und Sehnsüchte durch dieses kleine Kind erfüllt werden.

Nehmen wir als Beispiel ein Autokennzeichen. Da stehen am Anfang die Buchstaben BS. Welch eine Freude, wenn sie im Ausland ein Auto mit diesem Kennzeichen entdecken. Das muss ihnen niemand groß erklären. Das wissen sie. Da kommt jemand aus der gleichen Stadt wie sie. Ein Braunschweiger oder eine Braunschweigerin oder mehrere sind auch noch da. Das Autokennzeichen sagt also vielmehr aus als nur die zwei Buchstaben BS. Und so ist es auch mit dem Zeichen, von dem Lukas berichtet.

Ein Kind. Das ist zunächst einmal wie bei dem Bild von der Jungfrauengeburt ein Zeichen dafür, dass Gott Mensch wird. Für mich ein geheimnisvolles, unergründliches Geschehen. Aber das Zeichen, das kann ich sehen. Ein Kind, ob im Kinderwagen oder in einer Futterkrippe, das kann ich betasten. In dem Kind in der Krippe wird Gottes Liebe begreifbar.

Da wo es um wichtige Dinge geht, wo wir letzte Wahrheiten aussagen wollen, da müssen wir auf Bilder zurückgreifen. Denken sie einmal darüber nach. Aber Bilder sind nur ein Ausschnitt der Geschichte. Deshalb gibt es bei den Handys ja auch Bildsequenzen, also Bildfolgen. Sie beziehen die Situation des Bildes mit ein und helfen dadurch zu einem besseren Verständnis. Der geschichtliche Rahmen verändert einen Tatbestand.

Wenn sie das Kind in der Krippe bedenken, dann sehen sie ihre eigene Geschichte mit. All ihre Sehnsüchte und Hoffnungen schwingen da mit. Deshalb trägt das Bild viel mehr in sich, als ein Einzelner bei noch so intensiver Betrachtung schauen kann.

Ich kann hier und jetzt leider nur einige wenige Gedanken ansprechen. Aber das will ich auch tun.

„Wenn ihr nicht werdet wie die Kinder“, so sagt Jesus einmal seinen Jüngern. Und er fährt dann fort: *„werdet ihr das Himmelreich nicht erlangen.“.* Himmelreich, das ist eben das Paradies oder was wir dafür halten, eben der Ort, an dem wir uns wohlfühlen. Packen sie ruhig all ihre Vorstellungen da mit hinein. Es wird auch darüber hinaus immer noch genügend Platz da sein in diesem himmlischen Reich.

Und was meint das „ein Kind werden“?

Was ist das Kennzeichen eines Kindes? Kein Lebewesen ist so lange auf die Fürsorge der Eltern angewiesen wie ein Menschenkind. Deshalb würde ein Lämmchen oder eine kleine kuschelige Katze in der Krippe nicht das gleiche aussagen. Ein Mensch gedeiht in dem Vertrauen, dass da andere sind, die ihm wohlgesonnen sind, die ihn liebevoll aufziehen und umsorgen. Das wird nicht offen ausgesprochen. Aber ohne diese Erwartungshaltung würde das kleine Leben verkümmern. Ein Kleinkind vertraut darauf, dass da Eltern und Erwachsene sind, die es liebevoll umsorgen und beschützen. Das Kind vertraut auf die Liebe seiner Eltern. Und zu solch einem Vertrauen gegenüber dem himmlischen Vater möchte Jesus seine Jünger führen.

Ein anderes Kennzeichen eines Kindes erkennen wir, wenn wir Kinder beim Spielen beobachten. Da haben die Eltern dem Kind mitgeteilt: „Aber zum Essen bist Du wieder da." Und das Kind spielt und spielt und hat dabei das Essen total vergessen. Es verspürt überhaupt keinen Hunger. Ein spielendes Kind lebt nur im Jetzt. Vergangenheit und Zukunft haben da keinen Raum. Nur das Hier und Jetzt zählt. Die Freude am Spiel lässt alles andere vergessen. Ich könnte auch sagen, die Freude am Hier-sein, am So-sein, am Dabei-sein.

Das ist Leben. Leben aus Glauben. Leben im Angesicht Gottes.
Das Kind in der Krippe ist ein Symbol für die Liebe Gottes. Wir sind getragen und begleitet von dieser Liebe. Das zeigt uns das Kind in der Krippe.
Gott liebt uns. Und zwar jeden von uns, ganz gleich in welcher Lage er sich befindet. Und nun rutschen Windeln und Krippe näher ins Blickfeld. Gott liebt auch den, der in der Sch… – Entschuldigung – der Ausdruck wäre zu drastisch in der Predigt. Gott liebt auch den, der in den Windeln liegt. Das Kleinkind im Kinderwagen und den alten Menschen im Pflegeheim.

Sie hatten keinen Raum in der Herberge, heißt es in der Weihnachtsgeschichte. Für wen ist in unserer Gesellschaft kein Platz? Die, die nichts mehr beitragen können zum wirtschaftlichen Wachstum in unserer Gesellschaft. Die, die aus dem Wirtschaftsprozess aussortiert werden. Bei Gott haben sie einen anderen Stellenwert als in unserer Gesellschaft. Hier sind sie ausgegrenzt, denn sie stellen weder als Produzent noch als Konsument einen großen gesellschaftlichen Wert dar. Und sie selbst begeben sich dadurch oft in die soziale Isolation. Schauen sie sich die sozialen Kontakte von Alten, Alleinstehenden, Kranken und Armen an. Oder besser, fragen sie sich, wann sie einen von ihnen besucht haben, und sie werden mir recht geben, dass solche Menschen schnell vereinsamen. Aber gerade für die ist Gott in die Welt gekommen.

Und die Straßenkinder in den Metropolen der Weltstädte, und die Großen und Kleinen in den Elendsvierteln am Rande der Weltstädte, ob in Bombay oder Kapstadt, ob in Berlin oder in Port au Prince. Gottes Liebe meint jeden und jede – ganz gleich, wo er oder sie lebt.

Das ist das Schöne und das ist das Verbindende der Weihnacht.
Aber – man muss schon genau hinschauen, um das Geheimnis zu entdecken.

Angelus Silesius, der schlesische Dichter formuliert: „Und wäre Christus tausendmal geboren, Du wärst auf ewig verloren – wenn er nicht in Deinem Herzen Platz fände." Darum geht es zur Weihnacht.

Holen wir das Christkind aus der Krippe in unsere Wohnstuben, schaffen wir der fleischgewordenen Liebe Gottes Raum in unseren Herzen – dann wird die Freude der Weihnacht unsere Sehnsucht stillen und unser Leben nachhaltig bestimmen.

Die Nachhaltigkeit von Weihnachten

1. Sonntag nach Epiphanias, 09. 01. 2005

Matthäus 18,3
Wenn ihr nicht umkehrt und werdet wie die Kinder, so werdet ihr nicht ins Himmelreich kommen.

Ein beliebtes Modewort heißt Nachhaltigkeit. Nachhaltige Entwicklung meint etwa „einen Prozess einzuleiten, der auch in der Zukunft noch positive Auswirkungen hat“. Ich übersetze einmal „nachhaltige Weihnachten“ mit: „Was bleibt? Was hat Weihnachten für Auswirkungen für unser christliches Leben im Alltag?“

Sie kennen sicherlich auch Menschen, die sich immer wieder dadurch motivieren, dass sie sich Ziele setzen. Manch älterer Mensch möchte noch die nächste Fußballweltmeisterschaft im eigenen Lande erleben, ein anderer die Geburt des Enkelkindes oder die Hochzeit des Sohnes. Für manchen ist es sein Geburtstag oder das Weihnachtsfest. Alles Streben ist dann so auf dieses Ereignis gerichtet, dass es meistens auch klappt. Mit vielleicht letzter Kraft schleppt sich ein Mensch den Berg hoch, er hält durch bis zu dem Zeitpunkt – und danach sind die Kräfte aufgebraucht. Vielleicht haben sie das in ihrem Bekanntenkreis auch schon erlebt.

Aber im Grunde genommen ist das ja nicht nur ein Phänomen der älteren Menschen. Für die arbeitende Bevölkerung ist der Urlaub der Höhepunkt des Jahres, und in der Jugendarbeit war es immer die Sommerfreizeit.

Auch das Weihnachtsfest ist mit solcher Erwartung besetzt. Es ist ein Höhepunkt im Jahreslauf. Viele Menschen freuen sich darauf und können es dann kaum erwarten. Aber ebenso schnell fällt die Spannung ab. Bei nicht wenigen unserer Mitbürger überlebt der Weihnachtsbaum noch nicht einmal den Sylvester. Zwar würden sich viele von uns wünschen, dass das Weihnachtsfest die Freude mitnimmt in das Jahr, sodass man bis zum nächsten Fest davon zehren kann, aber in den meisten Fällen ist die weihnachtliche Freude schnell wieder verpufft und wird abgelöst durch den Alltag, der oftmals wenig Erfreuliches mit sich bringt. Was bleibt von der Freude der Weihnacht, um diese Freude in das Jahr mitzunehmen?

Mir selbst sind dabei zwei Dinge hilfreich. Zunächst betrachte ich Weihnachten als objektives Geschehen. Das ist für mich das Grundlegende. Das, was wir Weihnachten feiern, ist die Liebe Gottes zu seiner Schöpfung, und diese Liebe ist in dem Ereignis der Weihnacht für uns greifbar. Die Liebe Gottes zu uns Menschen und zu seiner Schöpfung ist für mich eine objektive Tatsache. Sie ist zunächst einmal unabhängig vom Subjektiven da. Sie übersteigt alles Subjektive. Was heißt das? Das heißt, „Gott liebt uns". Und diese Liebe übersteigt alles, was wir kleinen Subjekte uns so ausdenken können. Gottes Liebe übersteigt Raum und Zeit. Sie ist also nicht an Zeit und Raum gebunden. Was da in Palästina geschehen ist, hätte ebenso gut an irgendeinem anderen Ort der Welt geschehen sein können. Und was wir im Dezember feiern, das können wir ebenso gut im Juli feiern. Die Liebe Gottes ist also nicht begrenzt durch unsere Vorstellungen von Raum und Zeit. Und natürlich auch nicht von unseren Gefühlen. Wie vielen Menschen ist es oft an Weihnachten so zumute, dass sie das Fest am liebsten ausfallen lassen würden. Dabei spielt es gar keine Rolle, wie ich mich fühle, ob ich in der Stimmung bin, Weihnachten zu feiern. Die objektive Seite von Weihnachten meint: Ob es mir passt, ob ich Lust dazu habe oder nicht – es ist Weihnachten. Gott wird Mensch. Er kommt zu allen Menschen. Ob und wie sie ihn aufnehmen, ist für diese objektive Tatsache unerheblich. Es ist Weihnachten, auch wenn es uns nicht passt. Ich finde diesen Gedanken überaus tröstlich.

Da ist ein Mensch, dem der Arzt kurz vor dem Fest eröffnet hat, dass er von einer schweren Krankheit heimgesucht worden ist. Weihnachten ist trotzdem.
Ein anderer Mensch hat zum Jahresende die Kündigung erhalten – Weihnachten ist trotzdem. Trotz Krieg und Katastrophe ist Weihnachten. Gott nimmt die Ereignisse auf dieser Erde nicht zum Anlass, um seine Liebe wieder rückgängig zu machen. Ob persönliche oder weltpolitische Ereignisse – nichts kann die Liebe Gottes hindern. Das ist die objektive Seite von Weihnachten. Und das ist so tröstlich für mich. Gerade wenn es mir schlecht geht, wenn ich die Hilfe, die ich vielleicht ablehnen will, besonders nötig habe, dann kommt Gott an meine Tür. Zu einem

Blinden kommt er hörbar, zu einem Hörbehinderten sichtbar, für einen, der in seiner Beweglichkeit eingeschränkt ist, macht er sich greifbar, als Kind in der Krippe.

Was fasziniert uns so an einem Kind? Haben sie Kindern schon einmal beim Spielen intensiv zugeschaut? Kinder können so spielen, dass alles um sie herum versinkt. Sie leben nicht in der Vergangenheit, sie leben nicht in der Zukunft. Sie leben ausschließlich in der Gegenwart. So wie es uns nur mit großer Anstrengung und selten gelingt, so leben Kinder beim Spielen oft in der ausschließlichen Gegenwart.

Und wenn Gott in dem Kind in der Krippe zu uns kommt, dann meint das diese ausschließliche Gegenwart.

Und nun möchte ich mit ihnen noch die subjektive Seite von Weihnachten betrachten. Und auch das finde ich wieder spannend. Gottes Liebe gilt seiner ganzen Schöpfung. Das ist ein schöner Gedanke. Aber nun stellen sie sich einmal vor, das würde allen gelten, nur nicht mir. Solch ein Gedanke wäre für mich die Hölle. Alle werden geliebt, nur ich nicht – grausam.

Aber so ist es eben nicht. Gott liebt alle Menschen. Und ich bin einer davon. Und was mit den anderen passiert, ist jetzt völlig unwichtig. Jetzt geht es nur noch um mich. Ich bin Gott so wichtig, dass er zu mir kommt. Das will mir das Ereignis der Weihnacht sagen. Das muss man sich einmal richtig vorstellen. Ob ich alt bin oder jung, ob ich reich bin oder arm, ob schön oder hässlich, ob dumm oder intelligent, ob charakterlich einwandfrei oder ob der größte Lump – Gott kommt zu mir. Das kann sich jede Einzelne, das kann sich jeder Einzelne sagen lassen. Dafür steht Weihnachten. In einer Gesellschaft, in der alles gemessen wird, in der der Wert eines Menschen oft von seiner Leistung abhängt, gilt der Satz: Gottes Liebe kommt zu allen Menschen voraussetzungslos.

Und das meint subjektiv natürlich mich. Ich brauche keine Leistung zu erbringen, auch wenn ich mich daneben benommen habe, auch wenn ich Gott beleidigt habe, auch wenn ich bisher nichts von ihm wissen wollte – das alles schränkt seine Liebe zu mir nicht ein. Er will Freude in mein Leben bringen.

Und nun sehe ich sie wieder vor mir, die Menschen – den Einen mit seiner schweren Krankheit, den Anderen als Arbeitslosen und, und, und. Alle, die subjektiv keinen Anlass zur Freude haben, die nicht feiern können oder wollen, denen wird gesagt: *„Euch ist heute der Heiland geboren."* Zu dir kommt er, damit du nicht allein bist. In deine Trostlosigkeit bringt er die Freude der Ewigkeit, deine Dunkelheit erleuchtet er mit dem Licht seiner Ewigkeit.

Was bedeutet das denn subjektiv? Für einen Arbeitslosen bedeutet sein Zustand ausgegrenzt zu sein. Aber Gott sagt und zeigt es ihm: Bei mir bist Du nicht ausgegrenzt. Für den Kranken in seiner empfundenen Trostlosigkeit bedeutet es: Ich gehe den Weg mit Dir. Du bist nicht verlassen.

Das ist für mich frohe Botschaft. Und diese Botschaft ist so schön, dass ich sie nicht nur zu Weihnachten hören kann und nicht nur in der Kirche. Überall und zu jeder Zeit möchte ich diesen Zuspruch hören, wahrnehmen, erleben. Ich möchte, dass mich diese Gewissheit der Liebe Gottes, die mir ganz persönlich gilt, an jedem Tag und an jedem Ort das ganze Jahr über begleitet. Gott ist an meiner Seite – und besonders dann, wenn ich ihn am nötigsten habe. Ganz gleich, was ich tue, ganz gleich, was mir widerfährt, Gott begleitet mich als der liebende Vater. Dessen bin ich subjektiv gewiss, weil ich es objektiv im Weihnachtsereignis erfahre.

Lassen sie mich zum Abschluss noch einen Satz anführen, den ich in dieser hellen und tröstlichen Weihnachtsgeschichte als dunkel empfinde. Es sind dies die Worte: *„Denn sie hatten sonst keinen Raum in der Herberge."* Keinen Raum – kann es das geben? Da kommt Gott zu uns, da will er unser Leben hell machen, da sagt er uns sein Geleit zu auf all unseren Wegen, und wir öffnen ihm unsere Herzenstür nicht. Wir sind so arrogant, dass wir seine Hilfe ablehnen. Wir wollen auf seine Liebe nicht angewiesen sein. Wir lassen ihn draußen vor der Tür. Wir lassen Gott in unserem Leben außen vor.

Mein Wunsch heute Morgen ist, dass das für sie nicht gilt. Ich wünsche mir, dass Weihnachten objektiv und subjektiv für sie nachhaltig wird. Ich wünsche ihnen, dass die Liebe Gottes, die uns zur Weihnacht angerührt hat, dass diese Liebe so stark in uns Wellen schlägt, dass wir, getragen auf den Wogen der Liebe Gottes, in allen Katastrophen, den persönlichen sowie den weltpolitischen, die Freude der Weihnacht nicht verlieren. Und dass diese Freude an jedem neuen Tag in unserem Leben aufleuchtet bis zu unserer letzten Stunde.

3. Sonntag nach Epiphanias, 18. 01. 2009

Johannes 3,16

Also hat Gott die Welt geliebt, dass er seinen eingeborenen Sohn gab, damit alle, die an ihn glauben nicht verloren werden, sondern das ewige Leben haben werden.

Partnerschaft ist eine spannende Sache. Die Begegnung zwischen Menschen unterschiedlicher Sprache und Kultur ist auch unter Christen reizvoll. Wir Europäer haben unseren Glauben ja in Dogmatiken verpackt. Das sind gedankliche Lehrgebäude (nicht mit ee, sondern mit eh). Willst du jedoch mehr über den Glauben eines Afrikaners wissen, dann wirst du vergeblich in dicken Büchern danach suchen, obwohl er natürlich genauso gut lesen und schreiben kann wie wir. Du musst ihm zuhören, wenn er von seinem Glauben singt. Dabei zuzuhören ist äußerst reizvoll. Auch das Zuschauen, denn nach afrikanischer Art ist der ganze Körper mit einbezogen. Im Sitzen zu singen, das ist für Afrikaner unmöglich.

Zur Partnerschaft gehört aber neben dem Teilen von Glaubensgütern auch ein Teilen von materiellen Dingen. Der Bessergestellte lässt den anderen teilhaben an seinem Wohlergehen. Solch umfassendes Anteilnehmen und Anteilgeben gehört auch zu einer Begegnung.

Sie können stolz darauf sein, dass sie seit über dreißig Jahren solche Beziehungen pflegen, und dass sie diese bis heute durchgehalten haben, obwohl sich die Rahmenbedingungen rapide verändert haben. Zuerst hat die Wiedervereinigung unsere Kräfte beansprucht. Dann kam die Osterweiterung der EU, danach die Finanzkrise der Kirche und nun durch die Globalisierung ein Zusammenbruch der Finanzmärkte und die immensen Folgen für die Wirtschaft.
Viele Menschen in unserer Gesellschaft sehen sich heute um nach Einsparpotenzialen. Was ist naheliegender, als beim Luxus anzufangen. Da kann es dann sehr leicht vorkommen, dass die Partnerschaftsbeziehung als nicht mehr zu finanzierender Luxus eingestuft wird und

Afrika aufgrund der Schwierigkeiten im eigenen Hause aus dem Blick gerät.

Dabei – ich bin hier ja unter Experten, sodass ich offen reden kann – Südafrika und andere Staaten des Kontinents, die Entwicklungsländer weltweit, haben unseren Wohlstand zum Teil doch erst ermöglicht.
Ich möchte ihnen als Beispiel für die Ausbeutung Südafrikas durch die Industrienationen nur die freien Wechselkurse der Währung nennen. Als wir 1974 nach Südafrika kamen, da mussten wir DM 4,50 für ein südafrikanisches Rand auf den Tisch legen. Heute sind es 10 Rand für einen Euro. Das entspräche 5 Rand für eine D-Mark. Dieser immense Währungsverfall ist natürlich gut für uns. Noch nie waren die wertvollen Rohstoffe, über die Südafrika verfügt, so billig für uns zu erstehen. Aber, stellen sie sich einmal vor, wir würden Kohle, Gold, Platin, Chrom und anderes noch zu den Preisen von 1974 kaufen? Wenn die Gewinne dann gerecht verteilt würden, dann könnte der ANC alle versprochenen Sozialprogramme locker davon finanzieren, ohne dass wir auch nur einen Pfennig oder Cent dazugeben müssten.

Wir können uns den Luxus leisten, die südafrikanische Steinkohle über 10.000 km weit zu uns heranzuschaffen, um sie hier in unseren Kraftwerken zu verfeuern. Das liegt nicht nur daran, dass sie im Tagebau abgebaut wird, sondern größtenteils daran, dass die Bergleute dort so wenig verdienen. Unsere warmen Zimmer und die Gewinne der Großunternehmen haben wir auf dem Rücken der schwarzen Bergbauarbeiter erwirtschaftet. Das ist ein Teil der Liberalisierung der Märkte und Finanzen.

Solche Entwicklungen und die daraus resultierenden Zustände machen es heute nötiger denn je, dass die Länder Afrikas bei uns Menschen als Fürsprecher finden, die auf solche Missstände aufmerksam machen.

Partnerschaft ist aus den angeführten Gründen eine wichtige Aufgabe. Partnerschaft ist Teilhabe an der weltweiten Kirche. Aber Partnerschaft ist keine Mission. Und bei dem Wort Mission und bei der Sache schlägt mein Herzblut.
Deshalb möchte ich in einem ersten Schritt aufzeigen, dass Mission in unserem Lande und in unseren Kirchen und Gemeinden heute nötiger ist als je zuvor. Danach möchte ich die biblische Begründung für die Mission

aufzeigen und sie zum Schluss mit der Partnerschaft in Verbindung bringen.

Gestatten sie mir ein Beispiel für den Raubtierkapitalismus, dessen Folgen wir nun selbst spüren. Alle großen Autohersteller produzieren Geländewagen. Das, was für uns damals im afrikanischen Busch hilfreich gewesen wäre, dass leistet man sich nun, um in Hannover durch die City zu fahren. Absolut unnötig und umweltfeindlich, diese Spritfresser. Ein deutscher Sportwagenhersteller stellt Autos her, die niemand auf deutschen Autobahnen ausfahren kann, so schnell sind die. Das sind Autos, die niemand wirklich braucht. Wenn dieser Autohersteller die Abgasnormen der EU heute schon erfüllen müsste, dann müsste er seinen Betrieb schließen. Und dieser Autohersteller übernimmt einen Autobauer in Niedersachsen. Ein Kleiner übernimmt den weltweit zu den Größten zählenden. Umgekehrt könnte ich es verstehen, aber so, wo bleibt da die Logik?

Ich kann vieles hier aufgrund der Zeit nur andeuten. Aber solch ein Raubtierkapitalismus, solch eine Gier nach schnellstmöglicher Profitmaximierung, wie sie bis dato weltweit stattfindet, ist Ausdruck einer steigenden Gottlosigkeit. Sie nimmt überhand und weitet sich auf alle Gebiete unseres Lebens aus.

Selbst Menschen, die im bürgerlichen Milieu, in ihren Familien, in der Nachbarschaft und sogar in der Kirchengemeinde Verfechter der Gebote sind, vergessen diese, wenn es um ihre gesellschaftliche Verantwortung geht.

Gern würde ich einmal durch ihren Stadtteil von Haus zu Haus gehen und fragen, wer sich bei der Finanzkrise – wohl einem der größten Verbrechen der Weltgeschichte – verzockt hat. Wir alle sind doch Teil des Problems. Wer von uns ist denn nicht infiziert von der Möglichkeit, durch eine finanzielle Anlage oder Spekulation seine Euros zu vermehren?

Es würde mich nicht wundern, wenn auch hier heute Morgen Verlierer der Finanzkrise sitzen würden. Wir hängen alle mit drin. Zumindest als Opfer, die die Zeche zahlen müssen, sind wir alle beteiligt.
Viele Menschen haben durch betrügerische Machenschaften viel Geld verloren. Das ist doch nicht spurlos verschwunden? Das Geld ist doch

auf irgendwelchen Konten oder in irgendwelchen Taschen gelandet. Oder? Und wenn nun diese Menschen zu Sonderabgaben verpflichtet werden – ist das nicht gerechter, als wenn Unschuldige und Opfer der Finanzkrise durch staatliche Subventionen an der Finanzierung dieses Missbrauchs beteiligt werden?

Wo schlägt das soziale Gewissen der Deutschen? Wie sieht es mit der Nächstenliebe in unserem Staate aus?

Finanzwelt, Wirtschaft, Politik – ja, ein ganzes Volk erkennt Gott als Grenze und Korrektiv nicht mehr über sich an und versinkt im Sumpf.

Das allein nötigt schon zur Umkehr. Mission in Deutschland ist bitter nötig, damit ein Volk wieder anfängt, verantwortlich zu handeln. Der schrankenlosen individuellen Freiheit müssen Grenzen gesetzt werden. Und der Glaube des Einzelnen ist so eine freiwillige Selbstbeschränkung zum Wohle der Gemeinschaft –nicht nur lokal, sondern auch global. Setzen sie das einmal in ihrem Alltag um. Das ist ein Lebensprogramm und auch ein gutes politisches Programm.

Aber damit sie mich nicht als Fundamentalisten oder Miesmacher abstempeln, will ich ihnen hier keine gesellschaftliche oder kirchen-soziologische Begründung für die Mission liefern, sondern eine biblische.

Im Evangelium des Johannes lesen wir: *„Also hat Gott die Welt geliebt, dass er seinen eingeborenen Sohn gab, damit alle, die an ihn glauben, nicht verloren gehen, sondern errettet werden."* Gottes Liebe ist Missionsprogramm. Gott liebt diese Welt. Darum sendet er seinen Sohn zu uns. Jesus Christus ist die fleischgewordene Liebe Gottes. Das haben wir Weihnachten gefeiert. Und das ist der Grund für die Mission der Kirche. Wir möchten, dass alle Menschen davon hören. Wir möchten, dass sie die Liebe Gottes in ihrem Leben erfahren.

Alle – dabei schaue ich mich einmal vorsichtig hier in diesem Gottesdienstraum um. Überwiegend ist meine Altersklasse vertreten. Ob das ein Spiegelbild der Bevölkerung dieses Stadtteils darstellt, weiß ich nicht. Aus eigener Erfahrung kann ich zwar sagen, dass der Gottesdienstbesuch nach den Feiertagen in der Regel nicht so riesig ist, aber wahrscheinlich liegt auch ihre Gemeinde nicht weit vom Durchschnitt entfernt. In unseren Großstädten besuchen etwa 1,5% der Evangelischen mehr oder weniger regelmäßig die Gottesdienste.

Wir haben eine herrliche Botschaft, aber wir erreichen damit noch nicht einmal die eigenen Mitglieder, weil sie von unseren Angeboten so wenig Gebrauch machen. Das ist ein Teil des Dilemmas.

Lassen sie mich einen anderen Aspekt mit einem Beispiel verdeutlichen: Ich war noch im Dienst. Da sah ich eine Frau beim Gemeindefest auf mich zukommen. Einige Monate zuvor hatte ich ihren Mann beerdigt. Sie hatte ihn jahrelang aufopferungsvoll gepflegt, denn nach einem Schlaganfall war er auf einen Rollstuhl angewiesen gewesen. Als tatkräftiger Mann litt er sehr unter seiner Behinderung, und seine Frau hatte es nicht leicht mit ihm. Und nun sah ich sie. Keine trauernde Witwe in schwarzer Kleidung. Bunt gekleidet – dem Anlass des Gemeindefestes entsprechend – kam sie freudestrahlend auf mich zu. Ich erkannte sofort: Hier ist eine über 60-Jährige verliebt wie ein Backfisch. Und dann stellte sie mir den Mann an ihrer Seite vor.

Missionare erzählen gern Geschichten. Da sind wir ja in guter Gesellschaft, denn Jesus hat auch gern erzählt, nämlich Geschichten vom Himmelreich. Ich möchte die Geschichte von der 60-Jährigen hier nicht ausweiten. Mir geht es nur um das Verliebtsein.

Wann waren sie einmal so verliebt? Bei einigen liegt es wahrscheinlich schon sehr lange zurück. Aber ich hoffe, dass sie sich trotzdem noch daran erinnern können, aber vor allen Dingen, dass sie so etwas Schönes und Beglückendes auch schon einmal erfahren haben.

Wie die Liebe einen Menschen doch verändern kann! Da ist der junge Mann so fasziniert von seinem Mädchen, sodass er nur noch Augen für sie hat. Natürlich hat sie auch Fehler. Und die nimmt er auch wahr. Aber wenn er von ihr redet, dann schwelgt er nur noch in den höchsten Tönen. Sie schwärmt natürlich genauso von ihm.

Liebe ist eine Macht. Jemand, der bisher Kleidung und Aussehen keinerlei Aufmerksamkeit schenkte, der steht nun stundenlang vor dem Spiegel und wirft sich in seinen besten Zwirn, nur um ihr zu gefallen. Und pünktlich können solche Leute auf einmal werden! Und diszipliniert!

Und sparsam! Sogar enthaltsam! Stubenhocker werden zu Spaziergängern und Kulturbanausen zu Theatergängern. Liebe kann einen Menschen total umkrempeln. Sie setzt kaum für möglich gehaltene Kräfte frei.

Verliebte können alles um sich herum vergessen. Hunger und Durst ebenso wie Zeit und Raum. Wenn sie nur zusammen sein können, dann werden sie so genügsam, dass sie auf fast alles andere verzichten können.

Ich habe nun nicht beobachten können, ob meine Schilderung wenigstens bei einigen von ihnen ein Schmunzeln auf ihre Gesichtszüge projiziert hat. Aber Liebe strahlt. Das kann man an den Gesichtern ablesen, wenn frisch Verliebte ohne Plan und Ziel die Gegenwart gemeinsam genießen.

Ob sie mit Wehmut an längst vergangene Zeiten zurückdenken oder mit Schmunzeln, wenn sie das selbst erfahren haben, dann verstehen sie vielleicht, wenn ich jetzt von der Faszination des Glaubens spreche.

Wer so eine Beziehung zu Jesus hat, wer ihn so liebt, wer sich so von ihm geliebt weiß, der kann gar nicht anders. Er will, *dass allen Menschen geholfen werde.* Er möchte, dass alle Menschen diese Liebe Gottes erfahren, so wie er auch. *Wir können es ja nicht lassen.* Wir müssen von dieser Liebe weitersagen.
Diese Liebe Gottes ist so gewaltig in ihrer das Leben verändernden Kraft. Und sie ist unerschöpflich. Wie eine ewig sprudelnde Quelle, die nie versiegt. Das haben Menschen vor Urzeiten erfahren, das erfahren Menschen heute und davon werden Menschen auch morgen noch zehren können. Diese Liebe macht nicht halt vor großen Zahlen, vor Zeiträumen und Umständen.

Diese Liebe Gottes ist so verändernd, dass wir allen Menschen auf Erden wünschen, dass sie diese Kraft in ihrem Leben verspüren.

Von solcher Liebe kann aber nur der reden, der sie auch selbst erfahren hat. Und dann davon auch noch verständlich zu reden, das fällt auch Liebenden schwer, – auch dann, wenn man ihnen ihr Verliebtsein abspürt.

Wieder schaue ich mich hier im Gottesdienstraum um. Leben in Herrenhausen keine Menschen mit Migrationshintergrund? Wir reden von Integration. Wo sind denn türkischstämmige oder asiatischstämmige

Besucher in unseren Kirchengemeinden? Ist es etwa verboten, ihnen von der Liebe Gottes zu erzählen?

Ich denke dabei an die alte Diakonisse Schwester Paula Voigt, die ich auf der Missionsstation Jericho im Buschfeld Transvaals kennenlernte. Das Niedersächsische Missionswerk hat vor Jahren noch unter dem Namen Hermannsburger Mission ein Büchlein über das Leben dieser Diakonisse herausgegeben. Aber die Begebenheit, von der ich erzählen möchte, steht nicht darin.

Während eines Heimaturlaubs besuchte eine Gruppe von Missionaren mit ihren Ehefrauen die Lippische Landeskirche in Bückeburg. Auf der Rückfahrt fuhren wir durch Hannover. „Hier lebt doch jetzt Schwester Paula“, sagte noch eine Teilnehmerin, als wir am Henriettenstift vorbeifuhren. Und dann sahen wir sie auf der gegenüberliegenden Seite. In ihrer Tracht, gestützt auf einen Stapelschirm und in der Hand eine Reihe von Traktaten aufgefächert. Sie hatte einen fremdländisch aussehenden Mann angesprochen und war mit ihm im Gespräch vertieft. Das konnten wir beim Vorbeifahren noch sehen. Die alte Diakonisse, die jetzt den wohlverdienten Ruhestand im Diakonissenmutterhaus verbrachte, verteilte an Gastarbeiter Blättchen in deren Muttersprache (italienisch, jugoslawisch, griechisch, türkisch), um ihnen von der Liebe Gottes weiterzusagen. – *Wir können es ja nicht lassen.*

Von der Liebe Gottes zu Menschen aus einem anderen Kulturkreis und Sprachgebiet zu reden, das ist nicht einfach. Aber wir müssen uns ja nicht gleich auf das schwierigste Terrain begeben. Bei uns in Braunschweig ist der Bevölkerungsanteil der Christen unter 50% abgesunken. In Hannover sieht es wahrscheinlich noch etwas freundlicher aus, wenn auch hier die Tendenz wohl unverkennbar ist. Das Verhalten unserer Mitbürger zeigt, dass das Unwissen weite Kreise erfasst hat, wenn es um Glaubensdinge geht. Mission ist hier und heute nötiger denn je.

Mission ist kein Luxus, sondern eine lebenserhaltende Maßnahme. Gemeinde ohne Mission ist ein sterbender Verein, auch wenn sie noch so geschäftig daherkommt.

Mission ist keine Sache von gestern, sondern bis ans Ende der Tage eine bleibende Sache. Denn den Glauben kann man nicht wie ein Häuschen, wie Schmuck oder Geld vererben. Jede Generation muss wieder neu für Christus gewonnen werden. Ohne Mission kein Glaube. Und nur eine missionarische Gemeinde ist eine lebendige Gemeinde.

Die Beispiele von der grenzenlosen Gier und dem Geist des gottlosen Raubtierkapitalismus, die ich eingangs aufführte, zeigen doch, wie nötig unsere Gesellschaft die Botschaft von dem liebenden Gott braucht. Dem Gott, der unser Denken und unser Verhalten nachdrücklich verändern kann.
Von diesem liebenden Gott zu reden, das ist eine bleibende Aufgabe der christlichen Gemeinde. Und damit komme ich zum Schluss.

Diese bleibende Aufgabe, das ist das Verbindende der Partnerschaft.

Klaus Vollmer, Pastor, Evangelist und Volksmissionar, hat einmal gesagt: „Auch wenn in Südafrika die Lichter ausgehen, glauben Sie nicht, dass es dann in Europa heller wird." Ich möchte dem hinzufügen: „Und wenn in Europa die Lichter ausgehen, glauben Sie nicht, dass es dann in Südafrika heller wird."
In einer globalisierten Welt, die durch die Telekommunikation immer näher zusammenrückt, müssen wir alle gemeinsam an den gegenwärtigen Problemen arbeiten, um eine gemeinsame Zukunft zu bekommen. Deshalb ist das Reden von der Liebe Gottes Aufgabe der weltweiten Kirche, ob in Deutschland oder in Südafrika.

Wenn beide Partner sich gemeinsam Gedanken machen, wie sie in ihrem jeweiligen gesellschaftlichen Umfeld von der Liebe Gottes reden können, dann können beide voneinander lernen. Beide sind dabei auf den Geist Gottes angewiesen und beide haben so Anteil an der weltweiten Mission Gottes.
Ich wünsche ihnen allen:

1. dass sie sich verlieben – entweder dass in ihnen erstmalig ein Feuer entzündet wird oder dass ein glimmendes Feuer wieder neu entfacht wird – (das wünsche ich ihnen natürlich auch für alle ihre Beziehungen, für den Beruf wie für die Hobbys, aber in erster Linie für den Glauben an Jesus Christus, damit die Liebe und das Feuer alle Lebensbezüge durchdringt) und

2. dass sie sprachfähig werden, um von der Liebe Gottes weiterzusagen. Das meint zum einen den Mut zum Bekenntnis und zum anderen das rechte Wort zur rechten Zeit.

Manche Aussagen über Partnerschaft, Mission und gesellschaftliche Zustände habe ich bewusst provokant als Thesen in den Raum gestellt, um zum Dialog herauszufordern. Greifen sie die Gelegenheit zu einem Gespräch über die angerissenen Themen der Predigt beim Schopf.

Septuagesimae, 04. 02. 2007

Matthäus 9,9-13

Neulich fand ich in der Tageszeitung eine Beilage. Der Flachbildschirm stach mir sofort ins Auge. Ein großes Bild und ein Gerät, das wenig Platz einnimmt.

Auf gelbem Grund in einer Art Sprechblase traten die Zahlen 79, in rot geschrieben, förmlich heraus in den Vordergrund. 79 Euro für ein Fernsehgerät mit Flachbild! Die Werbung hatte mein Interesse geweckt. – Beim näheren Hinschauen entdeckte ich dann, dass weiter unten etwas stand über Ratenzahlung und 36 Monate Laufzeit. Und dann – klein gedruckt – kam ein vierstelliger Eurobetrag heraus, der mich abschreckte, auch wenn ich mit 0% Zinsen gelockt wurde.

Ich weiß nicht, ob der heutige Predigttext bei ihnen ähnliches Interesse auslösen wird, wie es die geschilderte Werbung bei mir bewirkte. Aber auf eines möchte ich sie jetzt schon hinweisen – bevor ich den Text verlese – auch dieser Text aus dem Matthäusevangelium erschließt sich nicht auf den ersten Blick. Man kann die Bibel nicht wie eine Tageszeitung durchblättern. Gewinn bringt die Bibellese erst beim Anschauen der Worte, Sätze und Berichte. Ein betendes Betrachten oder das betrachtende Gebet sind die rechte Haltung, um sich dem Wort Gottes in angemessener Weise zu nähern.

Wenn das stimmt, was wir als Christen ja glauben, dass uns der lebendige Gott in seinem Wort begegnet, dann gilt diesem Wort besondere Zuwendung. Wer die Bibel liest, der kommt mit dem Leben schlechthin in Berührung. Und das geht uns alle an.

Hören sie also aufmerksam die Worte aus dem Matthäusevangelium, Kapitel 9, die Verse 9-13:

Und als Jesus von dort wegging, sah er einen Menschen am Zoll sitzen, der hieß Matthäus; und er sprach zu ihm: Folge mir! Und er stand auf und folgte ihm. Und es begab sich, als er zu Tisch saß im Hause, siehe, da kamen viele Zöllner und Sünder und saßen zu Tisch mit Jesus und seinen Jüngern. Als das die Pharisäer sahen, sprachen sie zu seinen Jüngern: Warum isst euer Meister mit den Zöllnern und Sündern? Als das Jesus hörte, sprach er: Die Starken bedürfen des Arztes nicht, sondern die Kranken. Geht aber hin und lernt, was das heißt (Hosea 6,6): „Ich habe Wohlgefallen an Barmherzigkeit und nicht am Opfer." Ich bin gekommen, die Sünder zu rufen und nicht die Gerechten.

Was wir soeben gehört haben, berichtet zum einen von der Berufung des Zöllners Matthäus. Daran schließt sich ein Mahl an, an dem Jesus, die Jünger, Zöllner und Sünder teilnehmen.

Die Frage der Pharisäer an die Jünger nach dem Warum beantwortet Jesus selbst mit drei Antwortsätzen: Die Starken bedürfen des Arztes nicht. Dann folgt ein Bibelzitat aus dem Buch des Propheten Hosea: Ich habe Wohlgefallen an Barmherzigkeit. Und in meiner Lutherbibel, durch intensiven Druck hervorgehoben, folgt der Satz: Ich bin gekommen, die Sünder zu rufen.

Jeder Satz Jesu – für sich allein schon genommen – könnte eine Predigt sein. Ich bin gekommen, die Sünder zu rufen. Ich habe Wohlgefallen an Barmherzigkeit und nicht am Opfer. Die Starken bedürfen des Arztes nicht, sondern die Kranken.

Ein weiteres Thema, das eigenständig unsere Aufmerksamkeit beanspruchen könnte, wäre die Berufung des Matthäus. Welch eine Ungeheuerlichkeit wird mit dem kleinen Satz ausgesprochen. *Folge mir* – und er stand auf – und folgte ihm. In unserer Fantasie malen wir uns aus, was es für diesen Menschen bedeutet, Beruf und Familie aufzugeben, um mit diesem Wanderprediger ungesichert umherzuziehen. Interessant auch die Frage nach den inneren Vorgängen, die da ablaufen und die wir mit Hilfe der Psychologie gern lösen würden. Welche Kräfte sind da wirksam? Welche Dynamik liegt in der Aufforderung: *Folge mir!* Und was für Konsequenzen liegen in den Worten: *Er stand auf und folgte.*

Ich denke, dass das Stichwort „Zöllner“ überleitet von der Berufung des Matthäus zu dem Mahl mit den Zöllnern. Aber nun muss ich sie bitten, noch einmal genau hinzuschauen. Wie bei der Berufung der Zöllner bleibt bei der Schilderung des Mahles vieles im Verborgenen. „Als er aber zu Tisch saß im Hause“ – wo ist das denn? Jesus selbst besitzt kein Haus. Ist er bei Freunden eingeladen? Hat der Stand der Zöllner zu einer Abschiedsfete für ihren Freund Matthäus eingeladen? Findet das Mahl im Hause des Matthäus statt, weil er Abschied nimmt? Wir wissen es nicht. Der Bericht verschweigt es. Wir sind auf Spekulationen angewiesen und haben unsere eigenen Gedanken. Aber es ist besser, das Schweigen der Bibel als Absicht hinzunehmen. Denn dann fällt es uns leichter, diese Situation auf uns zu beziehen.

Stellen wir uns einmal vor: Jesus kehrt bei uns ein, etwa bei einem VW-Arbeiter. Und mit am Tisch sitzen Herr Hartz und Herr Volkert. Der VW-Arbeiter ist vielleicht nach seiner Ausbildung nicht übernommen worden oder ein Arbeiter, der in den Vorruhestand verabschiedet wurde. Das Werk muss Kosten senken und Sparmaßnahmen rigoros durchsetzen. Und dann erfährt so ein Mensch, dass die Herren, die seine Interessen vertreten sollen, sich auf seine Kosten amüsieren. Ich vermute einmal, ein so Geschädigter würde weder einen Manager noch einen Betriebsratsvertreter zu sich ins Haus bitten. Und nun soll er auch noch mit ihnen das Abendmahl feiern?

„Unmöglich“, sagen die Pharisäer. Ist so ein Geschehen für uns etwa weniger unmöglich? Die Pharisäer sind die Ausgebeuteten. Und die Zöllner sind die Ausbeuter. Wenn Jesus für die Entrechteten eintritt, dann musste er mit den Pharisäern essen, nicht aber mit den Zöllnern. Zoll – das war die Mautgebühr vor ca. 2.000 Jahren. Die verhassten Besatzer, die Römer, forderten das Geld für die Erlaubnis, Zoll einzutreiben. Wenn die Römer einen Euro verlangten, dann nahm Zachäus den Durchreisenden vier Euro ab, denn einer ging an die Besatzer, einen gab er seinen Angestellten – wie etwa Matthäus, einen Euro sollten ihm seine Investitionen wieder zurückbringen und den letzten Euro brauchte er zum leben. Kapitalismus hoch zwei. Korruption im großen Stil, wie wir sie heute bei vielen Konzernen finden. Da werden Preise künstlich hochgehalten durch Absprachen, Millionen werden auf Bankkonten verschoben, um Konkurrenten auszustechen.

Wir müssen dem einmal standhalten. Jesus hat Kriminelle um sich versammelt und natürlich auch Unmoralische, wo wir sagen würden: So etwas tut man nicht. In unseren Kreisen, in unserer Gesellschaft ist das nicht üblich. Mit solchen Leuten verkehren wir nicht. Und all das Gesindel tafelt mit Jesus.
Nun mag die Eine oder Andere von ihnen einwenden: Matthäus ist dem Ruf Jesu gefolgt. Das bedeutet Umkehr. Er ist aufgebrochen in ein neues Leben. Er hat sich vom verkehrten Wege abgekehrt. Er ist bekehrt. Nun gut, das trifft für Matthäus zu. Und wie ist das mit seinen Nachbarn und Arbeitskollegen? Sind die aus Sympathie auch gläubig geworden? Hat Jesus zu ihnen gesagt: Legt zunächst einmal euren betrügerischen und ausbeuterischen Lebensstil ab, dann könnt ihr mit mir an der Tafel sitzen?

Unsere christliche Abendmahlspraxis wäre doch in etwa so: Erst musst du Mitglied bei uns sein, dann darfst du zur Eucharistie (ist das nur bei den Katholiken so oder ist es nicht auch bei uns Evangelischen so?).

Wie ist das denn beim Abendmahlsempfang? *Wenn Du einen Händel mit Deinem Bruder hast, dann gehe erst hin und bereinige das.* Haben wir nicht Angst, dass wir uns das Abendmahl zum Gericht essen, wenn wir unser Verhalten anschließend nicht ändern?

Wir wissen nicht, wie es weitergegangen ist mit den Zöllnern und Sündern. Ich bin mir absolut sicher, dass die Begegnung mit Jesus für sie nicht folgenlos geblieben ist. Wem der Gottessohn beim Mahl begegnet, dem widerfährt etwas. Die Begegnung mit Jesus verändert das Leben.

Trauen wir Gott das zu? Rechnen wir damit, dass die Barmherzigkeit Gottes Leben verändert? Dann müssten wir doch daran interessiert sein, dass diese Barmherzigkeit Gottes in unser menschliches Leben eingreift. Auf diese verändernde Wirksamkeit Gottes sind alle Menschen angewiesen. Jeder von uns, die wir hier sitzen, aber auch die, die sich weder um Gott noch um den Nächsten kümmern, all die großen und kleinen Verbrecher – sie alle brauchen die Liebe Gottes; wer von uns wollte da sagen: du nicht. Wer von uns könnte da einen Zaun errichten und irgendeinem den Zutritt verwehren?

Wenn Jesus zu Tisch lädt, dann heißt es: Eintritt frei. Alle Beschränkungen sind aufgehoben. Zutritt ohne irgendwelche Einschränkungen. Bedingungslos gilt die Einladung allen Menschen.

Wissen sie, was mich irritiert? Immer mehr Menschen kehren dem christlichen Glauben in unserem Land den Rücken. Die Zahl der Deutschen, die zum Islam konvertieren, wächst. Obwohl da Menschen gesteinigt werden, obwohl Dieben die Hände abgehackt werden. Und wir Christen sprechen vom liebenden Vater, der alle Menschen – ohne Ansehen der Person, wie Luther sagt – einlädt. Haben wir Deutschen überhaupt verstanden, was das Essen Jesu mit Sündern für uns bedeutet?

Versuchen sie doch einmal, mit dem Menschen, den sie partout nicht leiden können, am nächsten Abendmahl teilzunehmen. Vielleicht erleben sie dann die befreiende Erfahrung der Barmherzigkeit Gottes.

Das Doppelgebot der Liebe

Estomihi, 26. 02. 2006

Lukas 10,27
Du sollst den Herrn, deinen Gott, lieben von ganzem Herzen, von ganzer Seele, von allen Kräften und von ganzem Gemüt, und deinen Nächsten wie dich selbst.

Die Liebe stand im Mittelpunkt meiner Predigt, als ich hier im vergangenen Jahr gepredigt habe. *„Nun aber bleiben Glaube, Hoffnung, Liebe, diese drei, aber die Liebe ist die Größte unter ihnen.“* Diesen Schlussvers aus dem Hohen Lied der Liebe des Apostels Paulus im 13. Kapitel des 1. Korintherbriefes habe ich versucht auszulegen. Vielleicht erinnert sich noch jemand daran.

Heute möchte ich das Thema „Liebe“ vertiefen. Dazu stelle ich ein Bibelwort in den Mittelpunkt, das uns sowohl bei Matthäus als auch bei Markus und Lukas überliefert ist. Die Frage nach dem ewigen Leben und dem höchsten Gebot wird von Jesus beantwortet mit dem Doppelgebot der Liebe. Ich lese aus dem Lukasevangelium, Kapitel 10, Vers 27: *„Du sollst den Herrn, Deinen Gott, lieben von ganzem Herzen, von ganzer Seele, von allen Kräften und von ganzem Gemüt (*Gesinnung, Wille, Vernunft, Verstand, Verlangen*), und Deinen Nächsten wie Dich selbst.“*
Bei Matthäus und Markus steht der Vers im Zusammenhang mit der Frage nach dem höchsten Gebot und bei Lukas geht es um das ewige Leben.

Das Doppelgebot der Liebe ist für mich die Zusammenfassung der frohen Botschaft. Alles, was zwischen diesen zwei Buchdeckeln geschrieben ist, gipfelt in dem Doppelgebot der Liebe.

Gestatten sie mir zunächst ein paar Bemerkungen zur Bibel. Die Bibel ist ein Band zusammengefasster Glaubenserfahrungen. Fromme Menschen, Christen, haben ihre Erfahrungen mit Gott in der Sprache und in den Bildern ihrer Zeit in dieser Urkunde des Glaubens niedergelegt.

Und ich glaube, dass das, was hier in der Bibel berichtet wird, für unser Leben und Sterben Bedeutung hat. Was in der Bibel geschrieben ist, das ist wichtig für unsere Beziehung zu Gott und für unser Leben in dieser Welt. Und aus diesem Grunde ist es wichtig, dass wir genau hinschauen und genau hinhören auf die Worte der Bibel.

Zunächst möchte ich sie darauf aufmerksam machen, dass für mich in diesem Vers drei Aufforderungen stehen und nicht nur zwei. Das halte ich für eminent wichtig. Du sollst Gott lieben. Du sollst Deinen Nächsten lieben. Und fast in einem Nachsatz – und deshalb wird es auch leicht übersehen – steht da: Liebe Deinen Nächsten wie Dich selbst. Voraussetzung für die Nächstenliebe ist die Selbstliebe. Ich behaupte einmal: Nur wenn ich mich selbst liebe, kann ich auch meinen Nächsten lieben.

Lassen sie mich noch ein zweites Missverständnis ausräumen. Es hilft uns beim biblischen Text, wenn wir uns auch deutlich machen, was nicht geschrieben ist. Hier steht nicht: Liebe Deinen Nächsten mehr als Dich selbst.

Jesus weiß genau, dass auch dies zu einer Überforderung führt. Deshalb sagt er: wie Dich selbst. Das reicht. Wenn ich bestrebt bin, mir selbst etwas Gutes zu tun, dann gehört zum rechten Genuss auch, dass ich das Wohl des anderen ebenso im Auge habe. Übertragen sie diesen Grundsatz nur einmal auf die körperliche Liebe, den Sex. Wie viele Enttäuschungen, wie viele Verletzungen würden Menschen erspart bleiben, wenn sie diesen einfachen biblischen Grundsatz auf ihre geschlechtlichen Beziehungen anwenden würden. Ich wünsche für mein Wohlbefinden die Erfüllung in der geschlechtlichen Liebe, und selbstverständlich gehe ich davon aus, dass dies auch für den Partner oder die Partnerin gilt. Wenn Paare darüber offen reden könnten, dann bin ich davon überzeugt, dass dies hilfreich wäre für eine erfüllte Partnerschaft.

Sie merken, wie eng Selbstliebe und Nächstenliebe zusammengehören. Nächstenliebe, die auf der gesunden Selbstliebe basiert, verändert nicht nur die Beziehung zwischen Paaren. Auch die Beziehungen in den Familien und auch gesellschaftliche Beziehungen und darüber hinaus die Beziehungen zwischen Staaten würden durch eine gelebte Nächstenliebe verändert.

Nehmen sie als Beispiel die unterschiedlichen Gruppierungen in unserer Gesellschaft. Geht es da etwa um Nächstenliebe? Wenn wir nur die Tarifverhandlungen herausgreifen, dann kann man sich des Eindrucks nicht erwehren, dass es ausschließlich um Eigennutz geht. Egoismus ist auch da, wo es um Gruppeninteressen geht. Egoismus ist aber etwas grundsätzlich Anderes als gesunde Selbstliebe. Manchmal scheint es, als ob gesellschaftliche Gruppierungen in unserem Lande so reagieren wie Menschen einer Stadt, die von einem gewaltigen Wirbelsturm heimgesucht wird. Angesichts der Katastrophe kommt es zu Hamsterkäufen. Da will man ohne Rücksicht auf Verluste noch schnell alles mitnehmen, was man für sich ergattern kann. Wie in einem Selbstbedienungsladen langen die Konzerne hemmungslos hin. Tausende von Arbeitnehmern werden entlassen, und dann weist die Bilanz der Deutschen Bank Milliardengewinne aus. Ich könnte hier ebenso gut Ölkonzerne wie Shell anführen. Dieser Kapitalismus geht am Menschen total vorbei. Da ist weder von gesunder Selbstliebe noch von Nächstenliebe die Rede. Es geht nur um die Gewinnmaximierung von Einzelnen. Kein Wunder, wenn sich Menschen anderer Kulturen gegen diese Macht des Kapitalismus wehren. Und wenn ihnen dafür die Mittel nicht zur Verfügung stehen, dann greift der Unterlegene zu den Möglichkeiten, die ihm zugänglich sind. Versuchen sie einmal, den Terrorismus der arabischen und muslimischen Welt unter diesem Gesichtspunkt zu betrachten.

Das Doppelgebot der Liebe kann aber auch ein Kriterium sein für das, was sich in Reaktion auf die Karikaturen des Propheten Mohammed in der islamischen Welt abgezeichnet hat. Es wird ihnen allen noch in Erinnerung sein: Geistliche Führer des Islam haben zu terroristischen Handlungen aufgerufen. Nun wird die westliche Welt als Feind des Islam überall verfolgt. Menschen aus westlichen Ländern werden entführt, Lösegelder erpresst und viele unschuldige Menschen durch Attentate verstümmelt oder getötet. Und das alles im Namen des Islam.

Deshalb hat ein Däne den Religionsstifter des Islam abgebildet mit einem Turban, aus dem eine versteckte Bombe herausragt. Die Aussage des Bildes meint, dass der Islam in seinem Gepäck von seiner Entstehung an die Bombe mit sich herumträgt. So verstehe ich das Bild. Wenn es als Frage gemeint ist, dann müssten sich die Anhänger des Islam fragen: „Stimmt das? Ist das die Religion, die Mohammed uns gebracht hat?“ Aber statt diese Frage zu stellen, sehen sie in der

Karikatur nur eine Verunglimpfung ihres Propheten. Wenn es eine Verunglimpfung des Propheten wäre, dann würden sich die Anhänger des Islam nach deren Auffassung strafbar machen, wenn sie solch eine Karikatur herstellen oder veröffentlichen würden. Aber der Redakteur in Dänemark gehört bestimmt nicht dem Islam an. Sollte er sich in den Augen Allahs schuldig gemacht haben, dann können sie die Bestrafung doch getrost ihrem Gott überlassen. Warum maßen sich Menschen an, in der Sache über andere zu Gericht zu sitzen.
Wir können nur hoffen, dass diese Strömungen im Islam im Laufe der Geschichte überwunden und abgelegt werden. Das Christentum hat ja auch in seiner Geschichte durch falsche Schlüsse Hexenverbrennungen und andere Dinge hervorgebracht, die wir heute als Verirrungen und Schuld ansehen.

Aber wir haben jetzt über Nächstenliebe im Zusammenleben von zwei Personen, von Familien und gesellschaftlichen Gruppen und von Völkern gesprochen. Wo bleibt da die Gottesliebe? Ist sie etwa unter den Tisch gefallen? Zäumen wir das Pferd von der anderen Seite auf:

Was kommt zuerst? Die Selbstliebe, dann die Nächstenliebe und zum Schluss die Gottesliebe? In unserem Bibelwort steht die Gottesliebe am Anfang. „*Du sollst den Herrn, Deinen Gott, lieben von ganzem Herzen, von ganzer Seele, von allen Kräften und von ganzem Gemüt.*“ Es fällt auf, dass die beiden Worte „ganz“ und „alles“ dauernd auftauchen. Das ist wohl der angemessene Sprachgebrauch, wenn es um Gott geht. *Liebe Gott von ganzem Herzen, von ganzer Seele von ganzem Gemüt und mit all Deinen Kräften.* Wenn wir das auf unser Leben beziehen, dann verstehe ich darunter, dass dies zur Grundhaltung unseres Lebens wird oder geworden ist. Wir Christen lieben Gott in jeder Beziehung, immer und überall. Das ist unser Wille, das ist unser Ziel, das möchten wir in unserem Leben verwirklichen. Und wie sähe das aus, wenn wir das überall machen würden? Ich kann mir vorstellen, dass manche Handlung in unserem Leben anders ausfallen würde, wenn wir bei allem, was wir tun, die Frage voranstellen würden: Was würde Gott davon halten?
Nehmen wir nur die beiden Beispiele aus der Predigt. Zunächst das Beispiel vom Sex: Da will ein junger Mann Spaß haben. Nur böswillige Menschen würden ihm keinen Spaß gönnen. Aber schon von dem Gebot der Nächstenliebe käme die Frage auf: Bereite ich der jungen Dame auch Spaß? Will sie auch nur Spaß haben oder steht für sie etwas ganz

anderes hinter dieser Beziehung? Ich könnte mir vorstellen, dass diese Frage schon zu einer anderen Bewertung führen würde. Und wenn wir dann das persönliche Bedürfnis noch einmal in einen größeren Rahmen stellen würden? Wenn wir Gott kindlich im Gebet fragen würden: Was meinst Du, Gott, dazu? Könnte es nicht sein, dass er uns da auf noch ganz andere Dinge aufmerksam machen würde? Ich brauche dieses hier nicht weiter auszuführen, denn jeder von uns dürfte da seine für ihn passende Antwort finden.

Als zweites Beispiel greife ich noch einmal die Karikatur auf. Gehen wir wieder vom Gebot der Nächstenliebe aus. Was wird diese Karikatur bei meinem Nächsten auslösen? Wenn ein Westeuropäer dieser Frage praktisch nachgehen würde, dann würde er seinen muslimischen Mitbewohner fragen. Und dann könnte ein Gespräch darüber stattfinden, und es könnte ein Verständnis über unterschiedliche Auffassungen daraus erwachsen. Und wie wäre es, wenn Gott darüber hinaus ins Spiel käme? Der Apostel Paulus schreibt unter dem Stichwort „Starke und Schwache im Glauben“ dazu: *„Jeder von uns lebe so, dass er seinem Nächsten gefalle zum Guten und zur Erbauung“*. Das bedeutet konkret, dass wir etwas ausführen wollen, das nach unserem Verständnis nichts Anstößiges darstellt. Aber es kann durchaus sein, dass Gott dieses in einem größeren Zusammenhang sieht und deshalb anders beurteilt. Ich bin davon überzeugt, dass er uns dies dann auch zeigen wird, wenn wir uns auf ihn einlassen.

Lassen sie es mich einmal so ausdrücken: Immer dann, wenn wir über die aktuelle Situation hinausgehen, immer da, wo wir mehr als das tatsächliche Geschehen in den Blick nehmen, immer da kommt Gott in den Blick. Alles, was unser Denken übersteigt, was jenseits unserer Vorstellungen liegt, das weist auf Gott hin. Oder anders ausgedrückt: Da, wo wir versuchen Gott zu lieben, da wird unser Leben in einen größeren Zusammenhang gestellt.

Nun frage ich sie: Was wäre denn so schlimm daran, wenn wir Gott so in unsere Lebensbezüge mit hineinnehmen würden? Meinen sie wirklich, dass wir unsere Freiheit verlieren würden, wenn wir Gott in unserem Leben mehr bestimmen lassen würden? Würde unser Leben nicht vielmehr Weite und Tiefgang bekommen, wenn wir mehr auf Gottes Stimme hören würden? Wenn wir Gott bei allen Entscheidungen mit einbeziehen würden?

Du sollst Gott lieben, Du sollst Deinen Nächsten lieben, Du sollst Dich selbst lieben – ja, kann man das denn? Geht das denn überhaupt, sich selbst zu lieben? Wenn ich jung und gesund bin, hübsch und reich, wenn ich klug und liebenswert bin, ja, dann mag ich mich selbst auch gern leiden. Aber was ist, wenn jemand mit einer Behinderung oder einer Einschränkung leben muss? Mag er sich dann auch noch so leiden? Schielt man dann nicht ein wenig auf die anderen, die es anscheinend besser haben?

Wieder nehme ich das ernst, was die Glaubenszeugen in der Bibel berichten. Gott hat andere Kriterien als unsere. Bei ihm müssen wir nicht erst Bedingungen erfüllen, damit wir uns liebenswert machen. Gott liebt uns, auch wenn wir unseres Erachtens, oder auch in den Augen anderer, mit Einschränkungen leben müssen.

Beim Apostel Paulus lesen wir (Römer 8,31: *„Ist Gott für uns, wer mag wider uns sein? Nichts kann uns scheiden von der Liebe Gottes."* Das hat Gott uns in Jesus Christus gezeigt. Ob uns andere lieben oder auch wenn – was noch viel schlimmer wäre – wir uns selbst nicht lieben können, dann dürfen wir wissen, dass Gott uns liebt. Und zwar so wie wir sind, ohne Vorbedingungen. Über solch einen Gott kann ich mich freuen. Und deshalb ist es für mich auch keine Zumutung, diesen Gott zu lieben. Vielmehr bedeutet Gott zu lieben für mich, dass ich das Vorrecht habe. Ich darf Gott lieben. Es wäre ja dumm von mir, wenn er nur das Beste für mich will und ich nichts von ihm wissen will, oder?

Ich habe versucht aufzuzeigen, dass unser christlicher Glaube ein großer Schatz ist. Einen Schatz pflegt man, behält man. Lasst uns das Doppelgebot der Liebe auf unser Leben anwenden und wir werden seinen Segen für uns selbst, für unsere Familien und Freundschaften und in der Gemeinde und Gesellschaft erleben.

Liebe üben

Invokavit, 13. 02. 2005

1. Korinther 13,13

Nun aber bleiben Glaube, Hoffnung, Liebe, diese drei; aber die Liebe ist die Größte unter ihnen.

Nach Rosenmontag und Aschermittwoch sind wir nun in der Passionszeit angekommen. Der Sonntag Invokavit hat vom Evangelium her, das wir eingangs gehört haben, die Versuchung als Thema. Vorgeschlagen wird dafür als Predigttext aus der Urgeschichte der Bibel die Erzählung vom Sündenfall aus dem dritten Kapitel des 1. Buches Mose.

Als Pensionär nehme ich mir die Freiheit heraus, abweichend von dem vorgeschlagenen Predigttext einem anderen Thema in dieser Predigt nachzugehen. Ich möchte mit ihnen in dieser Morgenstunde über Liebe nachdenken.

Für mich hat ja nun die letzte Lebensphase begonnen, und ich habe mir dafür als Aufgabe gestellt, lieben zu lernen.

Zwei Fehlhaltungen möchte ich gleich zu Beginn abwehren. Erstens geht es mir nicht um das Geliebtwerden. Stellen sie sich vor, ein Kind gehorcht nur, um geliebt zu werden. Es weiß, wenn es nicht den Willen der Eltern oder Erzieher tut, dann wird es nicht belohnt oder es wird bestraft. Strafe war noch nie eine gute Motivation für das Lernen. Es wäre töricht, wenn ein Erwachsener lernen würde, nur um dem Lehrer oder der Lehrerin zu gefallen. Deshalb ist auch Geliebtwerden kein Ziel für ein Christenleben.

Und noch eine zweite Fehlhaltung möchte ich gleich zu Beginn abwehren. Bei der Liebe geht es nicht um eine passive Haltung. Ich warte also nicht, bis ich geliebt werde. Ich liebe, das meint Aktivität, höchste Aktivität. Ich möchte lieben und zwar mit all meinen Sinnen. Ich möchte lieben als ganze Person. Nicht allein mit meinen Gefühlen und nicht allein mit meinem Willen oder Gedanken, sondern mit Haut und Haaren.

So verstehe ich jedenfalls den Apostel Paulus, wenn er in dem schönen Lied über die Liebe im 13. Kapitel des Korintherbriefes im letzten Vers schreibt: *„Nun aber bleiben Glaube, Hoffnung, Liebe – diese drei, aber die Liebe ist die Größte.“*

Im 1. Brief des Johannes heißt es von Gott, dass er die Liebe ist. *„Gott ist die Liebe.“* Für mich ist der Satz auch umkehrbar. Die Liebe ist Gott. Und diese Liebe ist für mich mit dem Leben gleichzusetzen. So lassen die Glaubenszeugen Jesus im Johannesevangelium sagen: *„Ich bin der Weg und die Wahrheit und das Leben.“* Liebe ist Leben. Ich könnte auch sagen: ohne Liebe kein Leben. Wenn wir also von der Liebe reden, dann reden wir von dem Leben, von einem Leben, das den Namen zu Recht verdient. Von einem Leben mit einer besonderen Qualität. Oder anders ausgedrückt: Nur das Leben, das geliebt wird, kann den Namen Leben zu Recht tragen. Alles andere ist kein Leben. Im Johannesevangelium heißt es gleich zu Beginn: *„Wir sahen seine Herrlichkeit“;* das meint die Liebe Gottes, die in Jesus Christus Gestalt gewonnen hat. Bei den Evangelisten Matthäus, Markus und Lukas taucht häufig der Begriff der Nachfolge auf. Wer Jesus liebt, der folgt ihm nach. So ist die Liebe des Gesetzes Erfüllung. Wir können vereinfacht die Bibel als Glaubensurkunde der Christenheit zusammenfassen in dem Doppelgebot der Liebe. *„Du sollst Gott, Deinen Herrn, lieben von ganzem Herzen und Deinen Nächsten wie Dich selbst.“* Nur dem Leben, das liebt, ist Erfüllung beschieden. Und davon möchte ich nun konkret reden.

Zunächst einmal gehört zu dieser Haltung des Liebens eine Offenheit. Ich nenne es einmal das Leben lieben. Zwar glaube ich auch an ein Leben nach dem Tode, aber es gibt auch schon ein Leben vor dem Tode. Und auch dieses Leben hat mit Ewigkeit zu tun.

Das Leben lieben meint, dass ich mit meiner ganzen Person voll auf das Leben ausgerichtet bin. Es geht nicht darum, nur bestimmte Dinge zu lieben. Es geht um das Leben mit all seinen Bezügen – der Materie aufgeschlossen gegenüber, den Tieren und Pflanzen, der gesamten Natur, den Lebewesen und dem höchsten Lebewesen, dem Menschen. Diese grundsätzliche Offenheit oder Zuwendung zu dem Gegenstand meiner Liebe bedarf einer Wachheit meiner Sinne – so möchte ich es einmal nennen. Liebe bedeutet, in Freiheit auf den anderen zuzugehen.

Als Beispiel greife ich die Kommunikation heraus. Es geht nicht darum die zu lieben, mit denen man durch die Bande des Blutes oder der Freundschaft ohnehin verbunden ist. Es meint auch nicht die Menschen, die uns sympathisch sind oder von denen wir uns einen Vorteil versprechen, wenn wir den Kontakt zu ihnen pflegen. Ich gehe davon aus, dass man gegenüber solchen Menschen ohnehin aufgeschlossen ist. Nein, ich meine, dass man aus der Haustür tritt mit der Haltung: Ich bin offen für die Liebe.

Wenn ich eine Pflanze sehe, dann begegne ich ihr mit offenen Augen. Wenn mir ein Tier über den Weg läuft, dann nehme ich es mit all meinen Sinnen wahr. Und erst recht gilt das natürlich für die Menschen, die mir begegnen.

Da tritt ein Nachbar aus der Tür. Ich liebe ihn, das meint, dass ich ihm ein Angebot mache. Ich sage ihm etwas Nettes. Es liegt an ihm, ob er und wie er darauf reagiert. „Das ist aber mutig, dass Sie sich bei diesem Wetter vor die Tür trauen“, sage ich vielleicht, wenn es regnet oder stürmt. Und bei strahlendem Sonnenschein könnte ich etwa sagen: „Welch ein herrlicher Tag. Man sollte etwas Schönes unternehmen.“ Mein Gegenüber kann sagen: „Ja, machen Sie mal, aber mir geht es ja so schlecht.“ Dann haben sie die Möglichkeit nachzufragen. Vielleicht erzählt er ihnen von seinem Leiden. Das bringt ihm dann Entlastung, und sie können sich auch gut fühlen, weil sie ihm ihr Ohr geliehen haben. Das nenne ich die Liebe der kleinen Schritte. Oder gehen wir davon aus, dass ihr Gegenüber ihr Angebot annimmt: „Ja, man sollte etwas unternehmen. Aber allein habe ich keine Lust.“ Sind sie dann so offen, sich mit ihm zu einem Spaziergang oder etwas Ähnlichem zu verabreden?

Das meine ich mit Wachheit und mit Offenheit und mit Hingabe, kurz mit Liebe gegenüber dem Leben. Sie haben sicherlich auch schon die Erfahrung gemacht, dass es so aus dem Wald herausschallt, wie man hineinruft. Ich habe jedenfalls in fast allen Fällen, in denen ich jemanden freundlich begrüßt habe, auch eine freundliche Erwiderung erhalten.

Als Spezialfall können wir einmal den Gottesdienstbesuch herausgreifen. Wenn sie am nächsten Sonntag zur Kirche gehen, dann gehen sie aus Liebe zur Kirche, also ganz aufgeschlossen. Ich glaube, dass sie das schon tun, denn sonst wären sie ja heute nicht hier. Aber ich kenne in

Braunschweig Christen, die schlagen die Zeitung auf, um nachzulesen, wer predigt. Wenn ein Lektor oder Prädikant den Gottesdienst hält, dann gehen sie in eine andere Kirche. Zu einem Lektoren gehen sie doch nicht in den Gottesdienst! Mit Offenheit in den Gottesdienst gehen, das meint für mich, dem Geist Gottes zu begegnen. In der Schriftlesung, in einem Gebet, in einem Lied, in der Begegnung mit Glaubensbrüdern und -schwestern da begegnet mir der lebendige Gott. Deshalb liebe ich den Gottesdienst.

Darf ich wieder einen kleinen praktischen Schritt vorschlagen? Kommen sie am nächsten Sonntag etwas früher. Schauen sie sich um. Suchen sie sich einen Menschen, mit dem sie im Regelfall kaum oder nur wenige Worte wechseln. Setzen sie sich zu ihm und wünschen sie ihm einen gesegneten Gottesdienst. Vielleicht sagen sie ihm auch etwas Nettes zu seiner Person, zu seinem Aussehen, seiner Kleidung oder Ähnlichem. Machen sie ein Gesprächsangebot. Und seien sie offen für seine Reaktion. Auch bei einer Ablehnung bleiben sie bei ihrer liebevollen Haltung. Vielleicht versuchen sie es einmal am nächsten Sonntag. Also nicht die Nachbarin Meier, mit der sie ohnehin jeden Tag zusammen sind, sondern ein Gemeindeglied, das sie sonst nicht wahrgenommen oder nur oberflächlich begrüßt haben. Ich könnte mir auch vorstellen, dass die Älteren die Konfirmanden nach Unterricht oder Ähnlichem fragen. Und vielleicht traut sich auch eine Konfirmandin, einen älteren Menschen liebevoll anzusprechen. Ich bin jedenfalls davon überzeugt, dass solch eine liebevolle Hinwendung zu Mensch und Tier, zur gesamten Natur, unserem Leben Sinn und Tiefgang schenkt.

Und damit komme ich zum Schluss: Liebe als eine aktive Hinwendung zum Leben in seiner Gesamtheit. Liebe als Wachheit gegenüber allen Bezügen des Lebens und mit allen Sinnen in voller Konzentration. „Ja, geht denn das?“, werden sich einige fragen. Es geht; denn die Liebe, von der ich gesprochen habe, lebt von einer Voraussetzung und das ist das Geliebtwerden. Wir können lieben, weil wir geliebte Kinder Gottes sind. Diese Liebe, diese Zuwendung zur Welt und all seinen Geschöpfen hat Gott uns in dem Leiden und Sterben Jesu gezeigt. Aus Liebe zu uns hat Jesus den Weg in die Niedrigkeit angetreten.
Davon berichten die Passionserzählungen der Bibel. Deshalb gilt es in der Passionszeit, Jahr für Jahr mit den Jüngern hinauf nach Jerusalem zu ziehen – bildlich gesprochen – um diese Liebe wahrzunehmen. Lesen

sie Tag für Tag einen Abschnitt aus den Passionsberichten mit der Bitte: „Herr, lass mich Deine Liebe erkennen und gib mir Kraft zu einem Leben aus solcher Liebe.“

Nichts ist unnützer als ein Tag, an dem man nicht geliebt hat. Und nichts ist schöner als ein Tag, an dem man geliebt hat.

Eine kleine Randbemerkung noch: Machen sie keine religiöse Pflichtübung daraus. Liebe und Zwang oder Pflicht passen nicht zueinander. Machen sie sich in aller Offenheit und im Vertrauen auf Gottes Hilfe fröhlich an die Aufgabe.

Sie werden gesegnet sein. Sie werden eine andere Haltung gegenüber der Natur und den Menschen erhalten. Nur das schenkt Sinnerfüllung in unserem Leben.

Hingabe

Reminiscere, 20. 03. 2005

Markus 14,3-9

Und als er in Betanien war im Hause Simons des Aussätzigen und saß zu Tisch, da kam eine Frau, die hatte ein Glas mit unverfälschtem und kostbarem Nardenöl, und sie zerbrach das Glas und goss es auf sein Haupt. Da wurden einige unwillig und sprachen untereinander: Was soll diese Vergeudung des Salböls? Man hätte dieses Öl für mehr als dreihundert Silbergroschen verkaufen können und das Geld den Armen geben. Und sie fuhren sie an. Jesus aber sprach: Lasst sie in Frieden! Was betrübt ihr sie? Sie hat ein gutes Werk an mir getan. Denn ihr habt allezeit Arme bei euch, und wenn ihr wollt, könnt ihr ihnen Gutes tun; mich aber habt ihr nicht allezeit. Sie hat getan, was sie konnte; sie hat meinen Leib im Voraus gesalbt für mein Begräbnis. Wahrlich, ich sage euch: Wo das Evangelium gepredigt wird in aller Welt, da wird man auch das sagen, was sie getan hat, zu Ihrem Gedächtnis.

Die Salbung in Bethanien ist anscheinend so wichtig, dass sie von allen vier Evangelisten berichtet und überliefert wird. Dabei unterscheiden sich die Angaben. Wer ist der Gastgeber, wer die Gäste? Wer kritisiert das Verhalten der Frau und mit welcher Begründung? Der Name der Frau spielt anscheinend für den Verfasser unseres Predigttextes eine untergeordnete Rolle, denn es wird nur anonym von einer Frau geredet.

In dem Haus liegen sie zu Tisch, wie wir wohl besser sagen müssen, denn so war es damals Sitte. Anwesend sind anscheinend der Gastgeber, Familienmitglieder und Freunde, Jesus und die Jünger. Wir können davon ausgehen, dass es eine reine Männergesellschaft war.

Im Mittelpunkt des Geschehens steht die Frau, die ein Glas mit kostbarem Salböl zerbricht und den Inhalt auf das Haupt Jesu gießt. Die Reaktion der Anwesenden ist Unmut. Sie halten diese Tat für eine Verschwendung und kritisieren das Verhalten der Frau.

Die Begebenheit ist äußerst knapp geschildert, während die Entgegnung Jesu den meisten Raum einnimmt. Für Markus liegt damit der Akzent des Geschehens auf der Deutung Jesu.

Und dadurch, dass dieses Geschehen bei Markus in den Zusammenhang der Passionsgeschichte gestellt ist, bekommt dieser Text auch seine Bedeutung für den heutigen Palmsonntag. Die Salbung in Bethanien will sozusagen als Eingangstor zur Karwoche verstanden werden.

Was ist denn so ungewöhnlich an dieser Geschichte? Zunächst einmal macht die Frau etwas ganz Außergewöhnliches. Sie setzt sich über alle Gepflogenheiten hinweg. In einer Männerrunde haben Frauen und Kinder in der damaligen Gesellschaft nur eine dienende Funktion. Die Männer sitzen zum Palaver in der Runde. Sie reden über Politik oder Religion. Frauen sind da nicht erwünscht. Die uns unbekannte Frau setzt sich über dieses ungeschriebene Gesetz hinweg. Wir wissen nicht, von wem sie den Aufenthaltsort Jesu erfahren hat. Aber ich gehe davon aus, dass sich solch ein Ereignis in einem Dorf sehr schnell herumspricht. Der Wanderprediger ist mit seiner Gefolgsschar auf der Durchreise. Die umherziehende Schar braucht Unterkunft und Verpflegung. Es gehörte zum Gesetz der Gastfreundschaft, solchen Menschen ein Quartier für die Nacht anzubieten oder eine Mahlzeit. Vielleicht waren es aber auch die Gleichnisse vom Gottesreich, die Jesus zu einem begehrten Vortragsredner machten, den jeder gern bei sich beherbergen wollte. Wir wissen es nicht wie so vieles, das in dieser Geschichte im Dunkeln bleibt. Aber offensichtlich sind diese Dinge nicht entscheidend für die Handlung. Das Ungeheuerliche im Verhalten der Frau liegt darin, dass sie die Männerrunde stört. Wir wissen nicht einmal, ob es ihr schwergefallen ist, sich über jede Konvention hinwegzusetzen, gegen ein ungeschriebenes Gesetz zu verstoßen. Sie tut etwas, was „man" nicht tut. Sie überspringt eine Grenze, um diesem Jesus nahe zu sein. Und was dann passiert, das kann man eigentlich nur mit dem Wort „verrückt" bezeichnen.

In dem Gleichnis von den Arbeitern im Weinberg erfahren wir, dass ein Tagelöhner für einen Tag in der Landwirtschaft einen Silbergroschen als Lohn erhielt. Im Johannesevangelium taxiert Judas den Wert des kostbaren Salböls mit 300 Silbergroschen. Das meint dann, dass hier ein Jahresverdienst einfach so verschwendet wird – vorausgesetzt natürlich, dass der Betreffende 300 Tage im Jahr Arbeit bekommen hätte. Wie lange muss diese Frau gespart haben, damit sie diese Summe zusammenbekommen hat, um das Öl zu kaufen? Ich kann es mir nur so vorstellen, dass sie sich dieses kostbare und haltbare Salböl als eine Art Sparstrumpf, als Sicherung für das Alter angelegt hat. Und nun vernichtet sie in wenigen Augenblicken ihre gesamte Alterssicherung. Ganz schön verrückt, oder? Aber sie tut es ja nicht spontan und unüberlegt. Allein um die Tat auszuführen, bedurfte es gewisser Überlegungen – etwa wie sie in diese geschlossene Gesellschaft hineinkommen würde oder wie sie in die Nähe Jesu vordringen würde. Sie handelt bewusst und überlegt. Kennen wir ein ähnliches Verhalten bei uns oder in unserem Umfeld?

Ich finde nur eine Erklärung dafür: Nur aus Liebe ist solch eine Verschwendung möglich. Nur Liebe ist zu solcher Hingabe fähig. Und nur Liebe tut etwas, ohne die Kosten zu überschlagen. Er oder sie hat sich in den Anderen mit Haut und Haaren verliebt. Das kann ein spontanes Tun sein, aber es ist nicht gedankenlos. Gerade Liebende entwickeln eine große Fantasie, wenn es darum geht, dem Geliebten eine Freude zu bereiten. Und sie wenden viel Zeit darauf, mit dem geliebten Menschen zusammen zu sein, zu ihm zu gelangen, ihm eine Freude zu bereiten. Das alles zeichnet diese Frau aus. Die Überlieferung des Markus sagt uns nicht, wodurch diese Liebe ausgelöst worden ist.

Ich könnte mir vorstellen, dass diese Frau Jesus früher schon einmal begegnet ist. Vielleicht litt sie an einer Krankheit und durch Jesus ist sie gesund geworden. Vielleicht war sie aus der Gesellschaft ausgeschlossen und Jesus hat sie wieder gesellschaftsfähig gemacht. Vielleicht hat die Botschaft Jesu sie erreicht und die Worte Jesu haben ihrem Leben Sinn gegeben. Unser Text hält sich bedeckt über die Gründe. Allein ihre Haltung wird beschrieben.

Jesus wehrt zunächst den gut gemeinten Rat ab: „Was hätte man mit dem Geld nicht alles Gutes tun können“, so lautete die Kritik, „denkt doch nur an die Armen.“ „Arme habt Ihr allezeit bei Euch“, sagt Jesus. „Aber sie hat ein gutes Werk an mir getan. Sie hat meinen Leib gesalbt.“ In Israel kannte man die Salbung zum König. Das 1. Samuelbuch berichtet davon, wie Samuel Saul zum König salbt, indem er Öl auf sein Haupt gießt.

Den Leib salbte man in Israel auch nach dem Tod eines Menschen. So berichtet das Lukasevangelium davon, dass die Frauen wohlriechende Salben und Öle zum Grab Jesu brachten, um den Leichnam zu salben.

Was bedeutet nun die Salbung bei Markus? Ist die Frau eine Prophetin, die mit ihrer Handlung ein zukünftiges Geschehen vorwegnimmt? Jesu prophetisches Wort deutet es ja so. Sie hat meinen Leib im Voraus gesalbt für mein Begräbnis. Sie hat getan, was sie konnte.

Für mich wirft dieser Bericht der Passionsgeschichte eine Frage auf und einen Wunsch: Tun wir, was wir können, wenn es um Jesus und unseren Glauben geht?
Der unbekannten Frau ist Jesus so wichtig geworden, dass sie die Freiheit geschenkt bekommt, sich über alle Grenzen hinwegzusetzen. Ich wünschte mir diese grenzenlose Offenheit, wenn es um Erkenntnisse des Glaubens oder um seine Liebeswerke geht. So viel ist Jesus dieser Frau wert, dass sie alle Sicherungen über Bord werfen kann.

Überall da, wo Menschen diese Freiheit im Glauben aufgebracht haben, da hat sich in der Kirchen- und Missionsgeschichte etwas bewegt. Denken sie an die Missionare, die ihre Heimat und Verwandtschaft aufgegeben haben, um in die Welt hinauszuziehen. Denken sie an die Menschen, die eine berufliche Karriere aufgegeben haben, um in den Dienst des Herrn zu treten. Denken sie an all die vielen Missionsfreunde, die weder Zeit noch Geld gescheut haben, um sich für die Sache Gottes einzusetzen. Sie alle hatten etwas gespürt von dem, was diese Frau auch erfahren hat in der Begegnung mit Jesus.

Und zum Abschluss die Frage: Was hat das mit der Passion zu tun? Wahrscheinlich hat die Frau zwei Dinge des Glaubens kapiert:

1. Die Liebe, die Jesus so vorgelebt hat, führt konsequenterweise ins Leiden und
2. Nachfolge Jesu gibt es nur als Leidensnachfolge. Wer so konsequent Jesus anhängt wie diese Frau, der muss damit rechnen, dass er sich den Unwillen anderer Menschen zuzieht.

Vielleicht ist es nur Unverständnis und Kopfschütteln, vielleicht ist es heimliche oder offene Kritik. Aber wahrscheinlicher wird sein, dass solche konsequente Nachfolge angefeindet sein wird.

Wer sich so weit aus dem Fenster lehnt, der darf nicht davon ausgehen, dass dieses Verhalten nur von Wohlwollen begleitet ist.

Judika, 09. 03. 2008

Johannes 14,19

Ich lebe und ihr sollt auch leben.

So lautet die Jahreslosung 2008. Manche unter ihnen werden sie sicherlich schon gehört oder gelesen haben. Dieser Bibelvers aus dem Johannesevangelium ist ein Wort Jesu, gerichtet an seine Jünger.

Wie wirkt dieses Wort auf sie und was löst es bei ihnen aus?
Für mich klingt es zunächst wie ein Abfallprodukt – so wie etwa die Brosamen, die von der Herren Tische fallen. Mir geht es gut, und herablassend gebe ich einen kleinen Teil an andere weiter. So wie wir es oft bei Spenden für Notleidende tun. Denken sie dabei nur an die Kleiderspenden. Getragene Sachen oder überflüssige Hosen und Jacken geben wir an Menschen weiter, denen das Nötigste fehlt. Wir schaffen wieder Platz im Kleiderschrank für Neues und helfen auch noch Menschen in Not. Wir geben ab von unserem Überfluss und fühlen uns gut dabei. Kann das Wort Jesu so gemeint sein? Ihm geht es gut, er lebt im Überfluss und gibt den Seinen etwas davon ab?

Alles, was uns in der Bibel von Jesus berichtet ist, widerspricht solch einem Verständnis. Teilhabe am Leben ist etwas Anderes als ein Schnuppern an dem, was andere uns übrig lassen.

Ich möchte versuchen, diesen gravierenden Unterschied durch ein Bild deutlich zu machen.

Die längeren Niederschläge haben derzeit dazu geführt, dass der Boden die Wassermengen nicht mehr aufnehmen kann. Die Talsperren im Harz sind gefüllt und müssen vor dem Überlaufen geschützt werden. Ich habe es selbst einmal erlebt, als die Okertalsperre abgelassen werden musste. Riesige Wassermassen stürzten in die Tiefe und machten die Oker zu einem reißenden Strom. Mit meiner Frau sah ich weiter unten am Flusslauf, wie die Wassermassen in rasender Geschwindigkeit auf uns zuschossen. An einer Flussbiegung prallte das Wasser auf ein paar Felsen. Das Wasser spritzte in die Höhe, und die Lichtstrahlen der Sonne brachen sich in den Wassertropfen. Dieses Erlebnis wurde für mich zu einem Gleichnis für das Leben.

Ein einzelner Wassertropfen, das ist mein Leben. Auch ihr Leben ist so ein Wassertropfen. Miteinander sind wir verbunden im Strom des Lebens. Zunächst einmal kann solch ein Gedanke zur Demut führen. Mein Leben ist nur ein winziger Tropfen in dem riesigen Lebensstrom. Das macht bescheiden, wie ich finde. Zum anderen sieht man als Betrachter von einem bestimmten Punkt aus nur eine Facette dieses Lebens. Wenn sich der Lichtstrahl der Sonne in dem Wassertropfen bricht, bekommt der Wassertropfen eine bestimmte Gestalt. Verändere ich meinen Standpunkt, also meine Sichtweise, dann bekomme ich wieder eine andere Gestalt des Wassertropfens zu Gesicht. Auch das macht noch einmal bescheiden; denn es zeigt, dass das Leben eines Einzelnen viel mehr umfasst als ein Außenstehender davon zu Gesicht bekommt. *„Wir sehen hier und jetzt nur bruchstückhaft“,* könnten wir das Pauluswort aus dem Hohen Lied der Liebe (1. Kor 13) neu interpretieren. Alles, was wir von dem Leben eines Einzelnen sehen, ist nur ein winziger Ausschnitt vom ganzen Leben des Betreffenden. Auch Menschen, die sich innig lieben und lebenslang in Gemeinschaft verbunden sind, erfahren nicht alles, was ihr Partner denkt oder empfindet. Das ist nicht nur ein Trost im Umgang mit Verwandten, Freunden oder Mitmenschen überhaupt, sondern noch vielmehr Trost im Glauben.

Alles, was uns von Jesus berichtet wird, ist nur ein Bruchstück. Sein Leben umfasst viel mehr als all das, was wir davon wahrnehmen. Aber er will die, die sich mit ihm einlassen, nicht nur an einigen wenigen Dingen teilnehmen lassen. Etwa an Dingen, die interessant oder sensationell für uns sind. Wir können dabei an die Wunder und Heilungen denken oder an die tiefsinnigen Gleichnisse, Geschichten, Worte oder intellektuellen Merksätze. Das Leben Jesu umfasst auch mehr als nur in den Passionsberichten mitgeteilt wird. Jesus will uns nicht nur daran Anteil geben. Er will uns an seinem ganzen Leben – an dem, was man auf den ersten Blick davon zu Gesicht bekommt, aber auch an dem, was sich erst auf einen weiteren Blick hin erschließt – Anteil nehmen lassen. Umfassend meint er sein ganzes Leben, wenn er uns zur Nachfolge einlädt.

Und zur frohen Botschaft wird diese Einladung für mich durch die Verheißung: *„Ich und der Vater sind eins. Niemand kommt zum Vater denn durch mich. Ich bin der Weg zu ihm.“* Hier und in diesen Verheißungen wird das Ziel der Nachfolge beschrieben. Jesus will uns Anteil geben an dem Leben, das alles umschließt.

Ich greife noch einmal das Bild von dem Wassertropfen und dem Lebensstrom auf. Der einzelne Wassertropfen versiegt, vergeht, verliert seine Kraft. Aber umschlungen von den Wassermassen als Teil des Lebensstroms ist er eine Kraftquelle. In dem Kreislauf des Wassers ist das Geheimnis des Lebens umschlossen. Das frische Quellwasser erfrischt den Wanderer. Der Regen zum rechten Zeitpunkt schafft Wachstum der Pflanzen. Essen und Trinken erhalten Leib und Seele. Verbunden mit dem Lebensstrom erhält der kleine Wassertropfen erst seine Kraft.

So ist Leben mehr als nur ein Funktionieren. Wenn wir Jesus nachfolgen, also uns mit Haut und Haaren auf ihn einlassen, dann sind wir mit der Kraftquelle verbunden. Jesus schenkt Leben, denn er verbindet mit dem Leben schlechthin. Und wer mit dem Lebensstrom verbunden ist, der ist auch eingebettet in diesen Lebensstrom. Er hat Teil an dem unvergänglichen, ewigen Leben. Nichts Anderes ist mit dem biblischen Begriff der Kinder Gottes gemeint.

Das will Jesus, dass wir Gottes Kinder werden, und wir sind es auch. Und weil Gott der gütige himmlische Vater ist, so wie es Jesus erlebt und weitergegeben hat, deshalb lässt er uns nicht nur an diesem Leben schnuppern, sondern lässt uns teilhaben an der Fülle.

Damit ist der Glaube für mich etwas Anderes als Luxus, als überflüssiges Anhängsel. Für mich bedeutet Glaube volle Teilhabe am Leben. Ich könnte auch negativ formulieren: ohne Glaube kein Leben.

Ich wünsche uns allen das Leben aus Gott, weil ich gewiss bin, dass das unsere Bestimmung ist.

Nachfolge

Palmarum, 16. 03. 2008

Matthäus 4,19
Folgt mir nach.

Am Anfang der Wirksamkeit Jesu steht der Ruf in die Nachfolge.
Nachfolgen ist der entscheidende Begriff in allen vier Evangelien. So fragt Nathanael nach der Aussage des Johannesevangeliums: *„Was kann aus Nazareth Gutes kommen."* Und Philippus antwortet ihm: *„Komm und sieh es."*
Ist die Einladung zur Nachfolge damit in die Beliebigkeit gestellt? Kann man dem Sinn nach sagen: „Nun ja, wir können es uns ja einmal anschauen?" Wir lassen uns eine begrenzte Zeit darauf ein und danach wenden wir uns wieder unseren anderen Dingen zu. Wenn man also genug gesehen hat, oder wenn es einem nicht zusagt, dann beendet man Nachfolge wieder.

Die Bibel sieht das anders. In der Aufforderung Jesu redet Gott zu uns. Man möchte meinen, dass kein Lebewesen auf Erden sich dem Wort des Allmächtigen entziehen kann. Aber es gehört zu den größten Geheimnissen der Weltgeschichte, dass der Mensch die Einladung Jesu in aller Freiheit ausschlagen kann – auch wenn das natürlich Konsequenzen nach sich zieht. Denken wir nur an das Bibelwort: „Heute, so Ihr seine Stimme hört, so verstockt Euer Herz nicht." Dieses Wort unterstreicht die Dringlichkeit.
Nachfolge meint nicht nur ein Hören der Einladung, sondern konkret das Gehorchen und das heißt, das Annehmen der Einladung.

Warum es um eine persönliche Beziehung geht, das verdeutlichen schon unsere zwischenmenschlichen Beziehungen. Wollen wir den Kontakt zu einem für uns lieb gewordenen oder wichtigen Menschen pflegen, dann können wir uns hin und wieder durch Briefe austauschen – für die Jüngeren unter uns durch SMS oder Internet. Auch das Gespräch mit dem Handy – selbst wenn es mit Bildübertragung wäre – würde in der Intensität nicht an eine persönliche Begegnung heranreichen.

Der Tonfall der Stimme, das Mienenspiel, die Körperbewegungen – all das ist in einem Gespräch unter vier Augen präsent. In dem unmittelbaren Kontakt erleben wir den anderen umfassender.

In aller Regel leiden wir ja heute unter Zeitdruck und können uns nur selten freimachen für Besuche und Begegnungen. Viele Schüler haben heute schon einen vollen Terminkalender. So sehen wir Freunde und Verwandte selten. Wenn wir uns dann treffen, dann braucht es meistens eine längere Anlaufphase, um wieder miteinander warm zu werden. So vieles hat sich inzwischen auf beiden Seiten ereignet und dadurch für das Gegenüber ein Defizit an Information geschaffen, dass solch ein Graben erst wieder mühsam überwunden werden muss.

Schöner ist da ein Zusammensein über einen längeren Zeitraum – etwa im Urlaub. Mit zunehmender Dauer wird einem der andere in seinen Äußerungen vertrauter, denn erst nach einiger Zeit lernt man Worte, Gefühle und körperliche Regungen des anderen verstehen und zu deuten. (Dass es auch in einer lebenslangen Ehe immer wieder Missverständnisse geben kann, steht auf einem anderen Blatt, und soll hier nicht weiter erörtert werden.)

Aber wenn wir mit einem Menschen gemeinsam eine längere Wegstrecke zurücklegen – sei es am Arbeitsplatz oder als Nachbarn – dann wird einem der andere vertrauter.

Deshalb die Einladung Jesu zur Nachfolge.

Nun wird der eine oder andere vielleicht sagen, gut, das ist einsichtig. Aber warum legt die Bibel so großes Gewicht auf das Mit-Jesus-Unterwegs-Sein? Wir hören zwar, dass er in Palästina als umherziehender Wanderprediger sehr wortgewaltig war. In manchen Berichten ist von Heilungen und Wundern die Rede. Auch das ist interessant. „Aber, muss man sich ihm deshalb anschließen?“, könnten einige fragen.

Darauf antwortet das Johannesevangelium mit einer Selbstaussage Jesu: *„Ich bin der Weg und die Wahrheit und das Leben“,* so heißt es da. Und dann folgen die Worte: *„Niemand kommt zum Vater denn durch mich.“* Mit diesem Anspruch ist Jesus aufgetreten und in das Leben der

Menschen getreten. Das steckt letztlich hinter der Einladung: *„Folge mir nach."*

Willst du Gott nahe sein, dann folge Jesus. Er bringt dich hin. Nun könnte der eine oder die andere vielleicht sagen: So nah braucht es doch nicht zu sein. Ich bemühe mich um ein gutes Verhältnis zum himmlischen Vater, aber zu nah möchte ich ihm nicht auf die Pelle rücken. Und so halten wir unser Verhältnis zum lieben Gott in der Regel auch distanzierter und unverbindlicher. Aber dabei verkennen wir die Brisanz dieser Aussage: *„Ich bin der Weg.*" Zwar gibt es viele Wege. Aber nur einer führt zum Ziel, zum Leben.
Wenn das stimmt, dann gibt es nur ein Leben, das diesen Namen zu Recht trägt. Und dieses Leben kann man verfehlen. Lohnt es sich etwa, in den Tag hinein zu leben, um am Ende dieser Wegstrecke festzustellen: Ich war ein Leben lang auf dem Holzweg. Ich habe meine Tage hier auf Erden zwar zugebracht – ob 50 oder 100 Jahre spielt dabei keine Rolle –, aber ich habe gar nicht gelebt.
Wenn das stimmt, was die Bibel von Jesus sagt, dann ist Gott das Leben. Mit anderen Worten: Man kann das Leben nur bei Gott finden. Ohne Gott kein Leben lautet die Gleichung.

Und wie bekommt man das Leben in Gott und mit Gott und für Gott? Wieder sagt die Bibel: nur durch Jesus Christus. Er ist der Weg. In ihm ist das Leben, das aus Gott kommt. Mit diesem Jesus haben wir das Leben.

Merken sie die Brisanz dieser Einladung zur Nachfolge? Ich vereinfache das nun einmal. Dann lautet das Bekenntnis: ohne Jesus kein Leben, ohne Jesus keine Beziehung zu Gott.

In der Beziehung zu Jesus entscheiden sich dein und mein Leben. Die Beziehung zu Jesus entscheidet über die Qualität unseres Lebens. Wenn unser Leben hier auf Erden bleibenden Eindruck hinterlassen soll, dann muss es in Jesus gegründet sein. Er muss das Fundament dieses, unseres Lebens sein, nur dann ist unser Leben fest gegründet, und nur dann bringt dieses Leben auch Frucht. Und das ist ja der Sinn unseres Lebens auf Erden. Es geht nicht darum, dass wir unsere Zeit totschlagen. Es geht nicht darum, dass wir dies und das tun. Es geht darum, dass wir

Frucht bringen. Frucht, das sind die Dinge und Taten, die Gott wohlgefallen und die unserem Nächsten auf seinem Wege hilfreich sind.

Wir können die Aufforderung Jesu überhören. Wir können seine Einladung in die Nachfolge ausschlagen, aber wir bringen uns damit um die Beziehung zu unserem himmlischen Vater und wir verlieren den Sinn unseres Lebens. Dann gleitet uns nicht nur die Zeit aus den Händen, sondern auch die Ewigkeit. Wir verfehlen unsere Bestimmung, wir verlieren unser Leben – für immer. Das ist so als ob jemand am Ende seines Leben noch einmal Rückschau hält und dabei feststellt, was er alles versäumt hat. Unwiederbringlich verloren. Es gibt nichts mehr nachzuholen. Die Kräfte sind nicht mehr da, die Zeit fehlt.

Ich habe versucht, ihnen aufzuzeigen, welche Brisanz die Begegnung mit Jesus hat. Und nun möchte ich die Brücke schlagen zu der Passionszeit.

Wenn wir also Jesus nachfolgen, dann wird unser Leben bedeutungsvoll. Allerdings lässt uns die Bibel auch nicht im Unklaren über die Bedeutung dieses Schrittes. Nachfolge Jesu meint Leidensnachfolge. Der Zöllner Matthäus muss sich lossagen von seiner Familie, als er in die Nachfolge gerufen wird. Er gibt seinen Beruf auf, er gibt die Sicherheiten auf. Aber es ist ihm auch verheißen, dass er das Leben bei Jesus und mit Jesus finden wird. Sein Leben bekommt Sinn, es bekommt Tiefgang, es erhält Ewigkeitscharakter – all das, was Streben nach irdischen Gütern nicht schenken kann. Eine Erfüllung, die trägt und dauerhaft ist.

Damit wir uns nicht missverstehen: Es ist nicht erforderlich, dass wir wie Jesus gekreuzigt werden – nach biblischer Aussage genügt es, wenn jeder Mensch sein eigenes Kreuz auf sich nimmt – aber es ist wichtig, Jesus auf dem Leidensweg nachzufolgen. Es geht nicht darum, dass wir sein Leiden übernehmen, auch nicht ein Stück davon. Vielmehr sollen wir das Leiden Jesu in seiner Bedeutung für uns erkennen. Das ist der Sinn der Passion.

In diesen Wochen bis Ostern bedenken wir Jesu Leiden und Sterben für uns. Dieses Nachfolgen schenkt uns Gewissheit unseres Glaubensweges. Solches Bedenken gibt uns Halt.

Wenn wir die Passion Jesu bedenken, dann geht es nicht darum, alle Fragen zu beantworten, und alle Probleme zu lösen. Aber ich glaube, dass wir für unseren Glauben wie für unser gesamtes Leben Gewinn davon haben, wenn wir Jesus auf seinem Wege begleiten.

Palmarum, 01. 04. 2007

Johannes 12,24

Wenn das Weizenkorn nicht in die Erde fällt und erstirbt, bleibt es allein; wenn es aber erstirbt, bringt es viel Frucht.

Literarisch gesehen sind die vier Evangelien im Neuen Testament Passionsberichte mit einer langen Einleitung, so hat es ein kluger und frommer Mann einmal formuliert. Und in der Tat, das, was für unseren Glauben entscheidend ist, das steht am Ende der Evangelien, das Leiden und Sterben des Gottessohnes. Alles Vorangehende, die vielen Wunder und Heilungen, kommen beispielsweise in den Schriften des Apostels Paulus nicht vor. Auch unser Bekenntnis beschränkt sich auf das Wesentliche. Da sind die Geburt, das Leiden, das Sterben und das Auferstehen die beherrschenden Themen.

Mit anderen Worten: Das, was für unsere Beziehung zu Gott wichtig ist, das steckt in der Leidensgeschichte Jesu. Deshalb betrachten wir Jahr für Jahr in der Passionszeit diese Berichte. Sie wollen uns Wegweiser sein auf unserem Wege zu Gott und mit Gott – und damit Hilfe in unserem Leben und Sterben.

Die Berichte von der Salbung zu Bethanien, dem Verrat des Judas, dem letzten Mahl mit den Jüngern, Gethsemane, Gefangennahme, Prozess vor dem Hohen Rat und vor Pilatus, Todesbeschluss, Kreuzigung, sein Tod und die Grablegung finden wir in allen Evangelien aufgezeichnet. Das sind die Eckpfeiler der Heilsgeschichte und damit auch unseres Glaubens.

Deshalb weiche ich heute vom vorgeschriebenen Predigttext ab, um mit ihnen in dieser Predigt über das Leiden und Sterben unseres Herrn und Heilands nachzudenken.

„Wenn die Christen erlöster aussehen würden, dann möchte man ihnen vielleicht glauben, wenn sie von Erlösung reden“, so oder ähnlich soll der große Nihilist und Philosoph Nietzsche gesagt haben, und ähnlich kommt es mir manchmal in unseren Gemeinden in der Passionszeit vor. Wir tragen eine Leidensmiene auf den Gesichtszügen – früher kleidete man sich auch noch in Schwarz – und wir beschäftigen uns mit Buße, Sünde, Sterben, Tod und Strafen. Viele Gesangbuchlieder rufen in uns Schuldgefühle hervor. Denken sie etwa daran, dass wir in Haft genommen werden für das Leiden und Sterben Jesu – obwohl ja keiner von uns dabei war. „Ich hab es selbst verschuldet, was Du getragen hast", so heißt es in einem Gesangbuchvers. Diese Blut- und Sündentheologie lässt uns freudlos und mit schlechtem Gewissen durch die Gegend laufen.

Dabei – seien wir doch einmal ehrlich – klingt das nicht vermessen, dass wir kleinen Würstchen den Sohn Gottes zu Tode gebracht haben? Was für gewaltige Verbrechen haben wir nur begangen, dass solch ein Opfer gefordert ist? Ich finde, dass diese subjektive Betrachtung dem Menschen ein zu großes Gewicht beimisst. Dass wir Menschen Gott wichtig sind, das steht für mich außer Frage – und zwar jeder Einzelne. Aber ich vermute einmal, dass wir uns übernehmen, wenn wir die Kreuzigung subjektiv betrachten.

Zunächst geziemt sich doch wohl eher eine objektive Betrachtungsweise. Ausgangspunkt ist Gott und nicht der Mensch. Gott liebt seine Welt. Dieser Bekenntnissatz steht am Anfang. Für mich ist dies das Geheimnis des Glaubens. Weshalb er diese Welt liebt, das weiß ich nicht. Vielleicht liebt Gott diese Welt, weil er sie erschaffen hat. Ich glaube es, aber erklären kann ich es nicht. Wenn ich die vielen Dinge sehe, die auf diesem Globus passieren, dann gehört schon eine gewaltige Hingabe dazu, um diese Welt zu lieben. Für mich gibt es auf Erden eine Menge Dinge, die mir zunächst einmal Angst machen. Die Globalisierung, die Technisierung mit der Wegrationalisierung von Arbeitsplätzen, die Zunahme der Weltbevölkerung und die damit verbundenen Probleme wie Ernährung, Umweltverschmutzung und, und, und …

Manches, was ich auf dieser Welt mitbekomme, könnte ich mir anders vorstellen. Wir haben in unserer Verwandtschaft einen lieben Menschen, der über 90 Jahre alt ist. Die alte Dame hatte kein einfaches und besonders schönes Leben, nach unseren Vorstellungen. Der Mann kam im Krieg ums Leben. Sie musste die Kinder allein großziehen. Gut, aus den Kindern ist etwas geworden. Sie kümmern sich auch jetzt im Alter um sie, aber was diese lange Witwenschaft – und dann auch noch im jugendlichen Alter einsetzend – für sie bedeutet hat, das hätte ich mir anders vorstellen können. Und nun nehmen bei ihr alle wichtigen körperlichen Funktionen ab. Sie hört schlecht und ist dabei zu erblinden. Das Gedächtnis lässt nach, und ihre Beweglichkeit wird mehr und mehr eingeschränkt. „Ach, wenn ich doch eines Morgens nicht mehr aufwachen würde", klagt sie laut. Ja, auch das könnte ich mir vorstellen. Bei manchen Dingen haben wir unsere Fragen, warum sie so und nicht anders ablaufen. Um das, was wir Leiden nennen, anzunehmen, da bedarf es schon eines großen Glaubens.

Eigentlich, so würde ich sagen, reicht es schon, dieses Kreuz auf sich zu nehmen. Warum soll ich dann auch noch das Kreuz Christi tragen? Ein für mich schwer nachzuvollziehender Gedanke.

Einleuchtender ist mir da schon eher der Satz: Gottes Liebe hat Jesus an das Kreuz gebracht. Dass Liebe ins Leiden führt, das habe ich am eigenen Leibe erfahren. Das kenne ich auch aus dem Leben mir befreundeter Menschen. Das ist mir vertraut. Wenn Gott liebt, dann leidet er. Das verstehe ich. So gesehen ist das Kreuz Christi Ausdruck für das Leiden unseres Gottes.

Und dass Liebe automatisch ins Leiden führt, das erfahre ich in meinem Leben und in dem Leben anderer Menschen. Das ist mir verständlich. Warum soll es mit Gottes Liebe anders sein?

„Die Liebe ist eine Leidenschaft, die aus Liebe Leiden schafft", so oder ähnlich sagt es der Volksmund. Wer liebt, der leidet. Wenn ich mich einer Sache hingegeben habe, dann stehe ich immer in der Gefahr, diese Sache zu verlieren. Ich weiß doch, dass es auf dieser Welt nichts gibt, das ewig Bestand hat. Ich liebe das Leben – ich kann es jeden Augenblick verlieren. Ich liebe den Beruf. Ich kann vielleicht schon morgen arbeitslos sein. Da geht es heute nicht mehr um Qualifikation. Selbst ein gut florierender Betrieb kann in dem großen Zusammenspiel wegrationalisiert werden, wie es heute so schön heißt.

Liebe bedeutet, sich an eine Sache zu verlieren. Und was für eine Sache gilt, das gilt noch viel mehr für Personen. Meinen sie, dass alle gescheiterten Ehen oder Beziehungen ohne Liebe angefangen haben? Ich glaube das nicht. Da haben zwei Menschen zueinandergefunden. Sie haben sich mit Haut und Haaren in den anderen verliebt. Sie versuchen aufrichtig, miteinander durchs Leben zu gehen. Aber irgendwann und irgendwo – und mancher kann es kaum benennen –, da bleibt die Liebe auf der Strecke. Kein Mensch kann am Anfang einer Wegstrecke garantieren, dass die Beziehung für immer hält. Für Liebe gibt es keine Garantie.

Das ist Leiden. Gott liebt diese Welt. Aber der größte Einsatz garantiert nicht, dass wir Menschen es ihm danken. Gott versucht alles Mögliche, aber wir verstehen seine Liebesbeweise nicht. Gott lässt nichts unversucht, aber das stößt bei uns auf wenig Gegenliebe. Stellen sie sich das einmal in einer Beziehung vor. Da versuchen Eltern, ihrem Kind die beste Erziehung angedeihen zu lassen. Sie geben sich die größte Mühe. Es kostet sie Opfer an Zeit und Geld – und dann verschleudert das Kind die Gaben und Möglichkeiten. Es wird vielleicht suchtkrank oder verliert aus anderen Gründen seine gute Stellung, landet auf der Straße oder wird gar straffällig. Was für ein Schock für die Eltern. Wie sehr leiden solche Eltern! Wie sehr wird solche Liebe auf den Prüfstand gestellt.

Das ist für mich Golgatha. Das ist für mich das Kreuz vor den Toren Jerusalems. Da wird Gottes Liebe zu uns gekreuzigt. Gott muss leiden, weil er uns liebt – und das Kreuz ist Ausdruck dieser seiner Liebe.

Wenn es in einem Gesangbuchlied heißt: „Lasset uns mit Jesus ziehen“, dann meint das ein Hinterhergehen, Nachfolge. Wir wollen keine Leidensmiene aufsetzen, uns auch nicht in Sack und Asche kleiden und freudlos mitziehen. Im Gegenteil: Wir freuen uns über die Einladung zur Nachfolge. Denn wenn wir mit Jesus gehen, dann wird er uns auf dem Weg die Augen öffnen für die Liebe Gottes.

Wir müssen uns nicht bespiegeln und krampfhaft in allen Winkeln unsere Schlechtigkeiten durchforsten, um zur Buße zu kommen. Solche Selbstbespiegelung führt nur ins Selbstmitleid, zu Minderwertigkeitsgefühlen und zu einem resignierenden „ich schaffe es ja doch nicht, mich zu ändern“. Aber wenn wir den Weg Jesu mitgehen, und wenn wir auf diesem Wege erkennen, welche Liebe der Vater uns erzeigt hat, wie es in der Bibel heißt, dann bin ich davon überzeugt, dass wir irgendwann auf dem Wege angesprochen werden von dieser Liebe unseres Gottes. An Jesus Christus können wir ablesen, wie sehr Gott liebt. Und wenn wir uns davon überzeugen lassen, dann kann es gar nicht anders sein, es wird Auswirkungen auf unser Leben haben, auf unser Verhältnis zu Jesus, auf unser Verhältnis zu Gott und auf unser Verhältnis zu unseren Mitmenschen.

Wer sich von Gott geliebt weiß, der wird dadurch auch zur Liebe befähigt. Wenn ich mich von Gott angenommen weiß, dann kann ich auch den annehmen, der mir große Schwierigkeiten bereitet. Solche Erkenntnis entspringt aus der Passion Christi.

Gott liebt mich, das gibt mir Kraft zu lieben. Das gibt mir Kraft, das Leben zu lieben – auch ein schweres Leben. Das gibt mir Kraft, meinen Nächsten zu lieben – auch den, mit dem ich Schwierigkeiten habe.

So wünsche ich uns allen, dass wir uns der Passion Christi aussetzen und sie dadurch für uns zu einer Kraftquelle des Glaubens wird.

Unterwegs in den Stürmen der Zeit

Kantate, 20. 04. 2008, Goldene Konfirmation

Matthäus 8,23-26

Und er stieg in das Boot und seine Jünger folgten ihm. Und siehe, da erhob sich ein gewaltiger Sturm auf dem See, sodass auch das Boot von Wellen zugedeckt wurde. Er aber schlief. Und sie traten zu ihm, weckten ihn auf und sprachen: Herr, hilf, wir kommen um! Da sagt er zu ihnen: Ihr Kleingläubigen, warum seid ihr so furchtsam? Und stand auf und bedrohte den Wind und das Meer. Da wurde es ganz stille.

Schon sehr früh in der Geschichte der Kirche ist das Schiff zum Symbol für die Kirche auf ihrem Weg durch die Zeiten geworden. Manche Kirchgebäude ragen so in die Höhe, dass sie an Masten und Aufbauten von Schiffen denken lassen. Und der Innenraum der meisten Kirchen unterteilt sich auch heute noch in Altarraum und Kirchenschiff. Manche von ihnen werden vielleicht ein neueres Kirchenlied kennen, das mit den Worten beginnt: Ein Schiff, das sich Gemeinde nennt, fährt durch das Meer der Zeit.

Die christliche Gemeinde ist zu einer langen Reise aufgebrochen. Große und Kleine, Junge und Alte haben das Schiff bestiegen. Nun ist das Boot auf dem Meer dem Wind und den Wellen ausgesetzt. In den Stürmen des Lebens bewegt die Passagiere die bange Frage: Wird uns das Schiff sicher in den Hafen bringen?

Ich möchte das Bild von dem Schiff auf den Wellen des Meeres bei der Fahrt durch die Zeiten übertragen auf unser menschliches Leben im Allgemeinen und auf ihr Leben, liebe Jubilare, im Besonderen, und diesen Gedanken noch etwas ausweiten.

Zunächst fällt auf, dass wir alle einige Dinge gemeinsam haben, während wir uns bei vielen anderen Dingen unterscheiden. Ich beginne beim Start in das Leben. Keiner von uns hatte irgendeinen Einfluss auf den Anfang seines Lebens. Weder konnten wir uns die Eltern aussuchen noch die Zeit oder die Umstände unserer Geburt.

Wer von ihnen heute das Fest der Goldenen Konfirmation begeht, der ist als Kriegskind geboren worden. In der Endphase des Zweiten Weltkrieges war sicherlich bei vielen Menschen in unserer Bevölkerung Schmalhans Küchenmeister. Vielleicht hatte die Mutter den schmucken Offizier während eines Fronturlaubs kennen und lieben gelernt. Geheiratet wurde im Sonderurlaub oder vielleicht gar durch eine Ferntrauung. Und vielleicht endete das Glück damit, dass der Vater nicht mehr aus dem Krieg heimkehrte und die Mutter das oder die kleinen Kinder in der schwierigen Nachkriegszeit allein aufziehen musste.

Diejenige unter ihnen, die heute das Fest ihrer Diamantenen Konfirmation feiert, hat den Aufstieg und Fall des so genannten Dritten Reiches erlebt. Ihre Konfirmation fiel mitten in die Kriegszeit.

Und die unter ihnen, die heute das Fest der Eisernen Konfirmation begehen, haben wirtschaftliche Zeiten mit Massenarbeitslosigkeit erlebt, Auswanderung und Ähnlichem.

Das also ist das Gemeinsame: Dass wir uns weder Zeit noch Ort noch Umstände unserer Geburt aussuchen konnten. Bei der Bootsklasse hatten wir natürlich auch keine Chance der freien Wahl. Deshalb vermute ich, dass unser Lebensschifflein, mit dem wir vom Ufer ablegten, durchaus unterschiedlich aussah. Ich könnte mir vorstellen, dass der eine oder die eine vielleicht auf einer Art Hausboot zur Welt gekommen ist, während ein anderer oder eine andere auf einer Luxusjacht in See gestochen ist.

Später, als sie ihr Leben dann mehr und mehr in eigene Regie übernommen haben, dürften sich die Schiffe mit den Fahrtrouten und die Rolle, die sie persönlich dabei gespielt haben, noch mehr differenziert haben. Der eine hat vielleicht eine Reise als Passagier auf einem Luxusliner gebucht, während der andere als Matrose auf einem Dampfer anheuerte. Einer ist Kapitän geworden und der andere vielleicht sogar Schiffseigner.

Einer hat sich der Binnenschifffahrt verschrieben – und schipperte vielleicht auf einem Ausflugsdampfer auf einem Stausee im Binnenland – während ein anderer die Weltmeere auf einem Tanker befahren hat.

Eine Konfirmandin ist ja auch unter uns, die über den großen Teich zu uns herübergekommen ist. Ob auf einem Schlepper im Hafen, einem Flussschiff stromab- und stromaufwärts unterwegs oder auf einem Kümo vor den Küsten oder gar auf einem großen Pott über die Weltmeere – alle sind wir unterwegs.

Und dabei sind wir alle auf Navigation angewiesen, ganz gleich, wohin die Reise geht und welches Ziel wir haben. Früher haben die Leuchtfeuer an Land den Schiffern den Weg gewiesen. Später wurden es die Seezeichen auf Flüssen, Seen und Weltmeeren. Und heute hilft uns die Satellitentechnik. Wer einen Zeitraum von 50 Jahren überblickt, der hat auch große Entwicklungen erlebt. Meine Großmutter konnte sich noch an das erste Auto und die erste Eisenbahn erinnern. Dann kamen die Flugzeuge und später der Sputnik dazu. Heute denken wir an die rasante Entwicklung in der Kommunikationstechnik. Welch ein Unterschied vom Feldtelefon zum Handy oder zum Telefonieren am Computer mit Kamera und Bild?

Aber bei allem Fortschritt bleibt doch die Bedrohung auf See. Zwar sind die Schiffe nach neuesten Erkenntnissen solide gebaut und mit feinster Technik ausgestattet. Die Ausbildung der Besatzung ist exzellent. Das Navigationssystem auf dem neuesten Stand, aber noch immer gibt es Naturgewalten, deren Bedrohung wir durch Vorhersagen zwar abschwächen, aber nie ganz ausschließen können. Denken wir nur an Taifune, Monsterwellen oder den Tsunami.

Ich weiß nicht, wie sie darüber denken, aber ich vergleiche mein Leben mit dem Unterwegssein auf dem Meer. Mit zunehmendem Alter entdecke ich Gefahren und Bedrohungen. Und ich frage mich: Werde ich meinen Bestimmungsort erreichen?

Ich möchte sie bitten, noch einmal mit mir an den Anfang des biblischen Berichtes von der Sturmstillung zurückzukehren. Das Schiff hat abgelegt. Die Besatzung oder die Passagiere befinden sich auf hoher See, als der Sturm mit gewaltiger Kraft die See aufwühlt. Das Schiff wird zum Spielball der Wellen. Eine bedrohliche Situation. Jetzt ist der Steuermann gefragt.

Maler, die das geschilderte Geschehen bildhaft dargestellt haben, zeichneten Jesus schlafend auf Deck. Für mich bedeutet das, auch wenn er schläft, Jesus ist anwesend, und damit ist Gott an Bord.

Auch wenn wir uns sicher fühlen, wenn es uns gut geht, wenn wir meinen, ihn nicht nötig zu haben, er ist mit im Boot. Oft nehmen wir keine Notiz von ihm. Und manchmal – wenn wir eine Bedrohung nicht selbst abwehren können oder wenn unsere Lage aussichtslos erscheint, dann – wird der Ruf nach Hilfe laut.
Ob sie solche Notsituationen durchlaufen mussten, weiß ich nicht.

Zwar gehöre ich zu denen, die im Zweiten Weltkrieg geboren wurden und deren Väter im Krieg geblieben sind und die später vertrieben wurden, aber ich habe den Aufschwung nach dem Zweiten Weltkrieg mit seinem Wirtschaftswunder erleben dürfen. Heute bin ich im Ruhestand und bekomme eine Pension. Mir geht es gut.
Es gab jedoch auch in meinem Leben Zeiten, in denen mein Lebensschiffchen durch raue See schipperte. Ich vermute einmal, dass es ihnen ähnlich ergangen sein wird.

Dass wir heute hier miteinander feiern können, das empfinde ich als Geschenk und nicht als Verdienst eigener Leistung.

Wenn ich rückblickend den Kurs meines Lebens verfolge, dann muss ich sagen, dass ich so manchen Umweg genommen habe. Wenn ich Gott an das Ruder meines Lebensschiffchens gelassen hätte, dann wäre mir manch schlechte Erfahrung erspart geblieben. Andererseits denke ich bei manchen Ereignissen, dass ich heute hier mit ihnen feiern kann, das liegt daran, dass der Allmächtige das Ruder oft noch in letzter Sekunde herumgerissen hat.

So gesehen war Gott immer mit im Boot und daraus leite ich auch die Zuversicht ab, dass er mich auch auf der Strecke, die noch vor mir liegt, begleiten wird. Der Weg, der vor mir liegt, ist mir unbekannt. Welche Strapazen und Gefahren auf dem Weg lauern, kann ich nur erahnen. Aber ich bin gewiss, dass der, der mein Lebensschifflein bisher davor bewahrt hat, auf ein Riff oder einen Felsen aufzulaufen und mit dem ich durch die Stürme und Engpässe des Lebens hindurchgekommen bin, dass der dieses Schiffchen auch sicher in den Heimathafen steuern wird.

Zum Abschluss möchte ich noch einmal auf die Jünger und den schlafenden Jesus in unserem Bibeltext zurückkommen.

Als die Not und die Furcht am Größten sind, da bewegen sich die Jünger auf Jesus zu. Sie rütteln ihn wach und bitten: „Herr, hilf uns, wir verderben.“ Man braucht nicht bis zu diesem Punkt –, an dem die Not am Größten ist oder wenn die eigenen Kräfte versagen oder wenn nichts mehr geht, – zu warten. Aber was nötig erscheint, das ist die vertrauensvolle Beziehung. Wenn unser Herr uns anredet, dann gilt es zu antworten: „Ja, Herr, hier bin ich.“

Glaube bedeutet, dass wir ihn ans Ruder lassen. Nicht erst wenn unser Lebensschifflein ins Schlingern geraten ist, will Jesus der Steuermann sein. Er will, dass wir unsere Lebensführung vertrauensvoll in seine Hände legen.
Uns allen, wenn wir dieses Vertrauen aufbringen, gilt dann die Verheißung, dass er uns sicher an Land bringen wird.

So wünsche ich mir, dass sie im Rückblick auf die zurückgelegte Strecke dankbar den heutigen Tag genießen können. Und dass sie sich an den gütigen Gott wenden und das Steuer ihres Lebensschiffchens für den weiteren Weg vertrauensvoll in seine Hände legen.

Exaudi, 09. 05. 2005

Markus 14,1-9

Als Ruheständler erlaube ich mir, vom vorgeschriebenen Predigttext abzuweichen. Nicht weil das Thema „Heiligung“ für unsere Zeit unpassend wäre, sondern weil ich auf einen Text gestoßen bin, der den Sachverhalt m.E. anschaulich zur Sprache bringt. Ich lese aus dem Markusevangelium, Kapitel 14, die Verse 1 bis 9.

Es waren noch zwei Tage bis zum Passafest und den Tagen der Ungesäuerten Brote. Und die Hohenpriester und Schriftgelehrten suchten, wie sie ihn mit List ergreifen und töten könnten. Denn sie sprachen: Ja nicht bei dem Fest, damit es nicht einen Aufruhr im Volk gebe. Und als er in Betanien war im Hause Simons des Aussätzigen und saß zu Tisch, da kam eine Frau, die hatte ein Glas mit unverfälschtem und kostbarem Nardenöl, und sie zerbrach das Glas und goss es auf sein Haupt. Da wurden einige unwillig und sprachen untereinander: Was soll diese Vergeudung des Salböls? Man hätte dieses Öl für mehr als dreihundert Silbergroschen verkaufen können und das Geld den Armen geben. Und sie fuhren sie an. Jesus aber sprach: Lasst sie in Frieden! Was betrübt ihr sie? Sie hat ein gutes Werk an mir getan. Denn ihr habt allezeit Arme bei euch, und wenn ihr wollt, könnt ihr ihnen Gutes tun; mich aber habt ihr nicht allezeit. Sie hat getan, was sie konnte; sie hat meinen Leib im Voraus gesalbt für mein Begräbnis. Wahrlich, ich sage euch: Wo das Evangelium gepredigt wird in aller Welt, da wird man auch das sagen zu ihrem Gedächtnis, was sie jetzt getan hat.

Matthäus und Markus berichten über das Geschehen in Bethanien im Zusammenhang der Passion Jesu. Das, was im Hause Simons des Aussätzigen geschieht, wirft auf das Leiden und Sterben Christi ein besonderes Licht. Bei Lukas ist es die große Sünderin, die Jesus salbt.

Sie benetzt seine Füße mit ihren Tränen, trocknet sie mit ihrem langen Haar und salbt die Füße anschließend mit Öl. Im Johannesevangelium folgt die Salbung zu Bethanien auf die Auferweckung des Lazarus. Konkrete Namen, konkrete Ortsbezeichnungen – es wird also eine konkrete Begebenheit geschildert. Jedoch finden wir schon im Markusevangelium einen Hinweis darauf, dass dieses Geschehen eine Bedeutung über den tatsächlichen Anlass hinaus hat. So wird die Frau nicht namentlich erwähnt. Auch die Kritiker mit ihrem Vorwurf der Verschwendung bleiben im Dunkel. Sind es die Gegner Jesu, also Schriftgelehrte und Pharisäer? Sind es Fernstehende aus der mitlaufenden Volksmenge oder kommt der Vorwurf der Vergeudung gar aus dem inneren Kreis? Sind es Jesu Anhänger, die Jünger, die das Verhalten der Frau tadeln? Im Kern handelt der Evangelienbericht davon, dass eine Frau für Jesus, den Sohn Gottes, einen sehr großen Einsatz bringt und dass ihr Beobachter des Geschehens Verschwendung vorwerfen.

Ich komme soeben aus Schwerin. Mit einer Gruppe von konfirmierten Jugendlichen haben wir in einer Morgenandacht diesen Bibeltext betrachtet. „Kennt Ihr einen Menschen, der sich so für Gott einsetzt, dass andere ihm Verschwendung vorwerfen?“, fragte ich sie. Schweigen. Sie kannten niemanden. Das ist zwar bezeichnend für unsere Zeit und auch für viele Mitglieder unserer Kirche. Aber glücklicherweise gibt es dennoch Menschen in unserer Kirche und unseren Gemeinden, die für Gott und die Sache Gottes verschwenderisch umgehen mit Zeit und Geld. Dabei ist unser Lebensgefühl jedoch ein grundsätzlich anderes. Bei uns dreht sich alles um den Einzelnen. Das Ich und seine Bedürfnisse stehen an erster Stelle. Gott dagegen rangiert heute bei vielen unter „ferner liefen“.

Als dieses Gotteshaus beispielsweise gebaut wurde, da war das anders. Sicherlich werden auch menschliche Eitelkeiten – vielleicht beim Baumeister und den Handwerkern – eine Rolle gespielt haben. Aber die Antriebskräfte für solch einen Bau lagen in der Devise: für Gott nur das Beste.

In Zeiten der begrenzten finanziellen Mittel werden die Kritiker in unseren Reihen sicherlich immer mehr, die uns Verschwendung vorwerfen. Was kostet die Unterhaltung solch eines Bauwerks? Gottesdienst feiern kann man doch auch in einem Saal, der kostengünstiger zu heizen ist. Im Grunde finanzieren die vielen Mitglieder, die unseren Gottesdiensten fernbleiben, diesen Luxus. Und die Frage wird lauter: Wie lange werden wir uns eine solch schwache Auslastung unserer Räumlichkeiten noch leisten können?

Kein Wunder, wenn die Einen vom Verkauf der Kirchen sprechen und andere von möglichst optimaler Auslastung. Da laufen dann Konzertreihen, Aufführungen und andere Veranstaltungen. Denken sie an die Jedermann-Veranstaltungen im Berliner Dom.

Für Gott das Beste, nicht nur der Bau, sondern auch das Innere des Gebäudes. Orgeln, Altäre, Bilder, Skulpturen sind sichtbarer Ausdruck dafür, dass die Gläubigen vergangener Tage nicht nur nach Funktionalität fragten, sondern nach dem, was Gott angemessen ist. Nicht anders war es bei der Feier der Gottesdienste. Der Blumenschmuck, die Kerzen, Weihrauch – all das sollte den Menschen mit seinen ganzen Sinnen erreichen. Und diese Frömmigkeit wollte sich auch hörbaren Ausdruck verschaffen durch die Musik und die Lieder – Gott zur Ehre und den Menschen zur Erbauung. Gottesdienste wollten Trost spenden in Nöten und Kraftquelle sein für den Alltag.

Heute stehen auch die Bedürfnisse der Menschen im Vordergrund. Aber heute gleichen manche Gottesdienste eher den Unterhaltungssendungen bekannter Fernsehsender. So drängeln sich etwa bei Einschulungsgottesdiensten oder Konfirmationen Eltern und Verwandte im Altarraum, um möglichst gute Aufnahmen von ihren Kindern zu schießen, um sie dann daheim im Familienkreise auch einmal zum Besten geben zu können. Beim Abendmahl kauen Erwachsene weiter auf ihrem Kaugummi, beim Gebet leuchten die Blitzlichter auf und viele Besucher singen kaum mehr mit – gleich, ob alte oder neue Weisen.

Nun lass aber mal genug sein, Pastor – mag der Eine oder Andere unter ihnen denken.

Das Beispiel des Gottesdienstes sollte verdeutlichen, dass zu einem gottwohlgefälligen Leben, und nichts anderes meint Heiligung ja, eine Grundvoraussetzung gehört. Und dies wird ansichtig in dem Bericht von der Salbung zu Bethanien.
Eigentlich wissen wir nicht viel über die Frau. Woher stammte sie? Womit verdiente sie ihren Lebensunterhalt? Hatte sie Familie? All das scheint nicht interessant zu sein. Aber offensichtlich hat die Frau eine

beträchtliche Summe angespart, um das kostbare Salböl zu kaufen. Wir kennen zwar auch Mäzene, die Fußballvereine oder Stiftungen unterstützen. Man kann ein Fan sein und sich seine Mitgliedschaft deshalb etwas kosten lassen.

Bei der Frau vermute ich jedoch etwas Anderes. Ich stelle mir vor, dass sie Jesus begegnet ist – oder soll ich lieber sagen: In diesem Jesus ist ihr Gott begegnet. In der Begegnung hat die Frau Zuwendung erfahren. Hatte sie Schuld auf sich geladen? Ist ihr eine Last abgenommen worden? War sie krank und ist sie durch die Begegnung geheilt worden? Hatte sie ein schwerer Schicksalsschlag getroffen und Jesus nahm sich ihrer an? Unsere Fragen bleiben ohne Antwort. Vielleicht hat sich die Frau mit Zweifeln geplagt und ihr Leben hat durch Jesus wieder einen Sinn bekommen. Wir wissen es nicht. Aber wir erfahren durch dies Handeln der Frau, dass es eine Reaktion sein muss auf eine vorangegangene Begegnung mit Jesus. Für mich gibt es nur eine Erklärung für diese Tat: Liebe. Liebe ohne Kalkül. Die Liebe ist verschwenderisch. In der Zuwendung Jesu hat die Frau erfahren: Gott liebt mich. Und diese Gewissheit des Glaubens befähigt sie zum Handeln. Vielleicht ist aus einer Kritikerin oder Freidenkerin eine Christin geworden – wir wissen es nicht. Aber an ihrer Verschwendung können wir ihre große Liebe ablesen.

Gottesdienstfeiern haben diese Liebe zur Voraussetzung. Diakonisches Handeln fußt auf der vorausgehenden Liebe Gottes.

Heiligung ist keine religiöse Pflichtanstrengung. Weil Gott es so gut mit uns meint, weil er unserem Leben Sinn gibt, weil wir ihm alles verdanken – deshalb ist das Beste gerade gut genug für ihn. Was anderen wie Verschwendung erscheint, ist bei uns nur ein Ausdruck dafür, was Gott uns wert ist. Wir bezahlen nicht für seine Liebe. Wir erweisen uns nur als dankbar. Das ist die Voraussetzung für ein heiliges und damit Gott wohlgefälliges Leben. So lebt nun als Heilige Gottes, um ihn dadurch zu ehren.
Der vorgeschriebene Predigttext führt als Beispiel die Beziehung zum Besitz und die Partnerschaft an. Ich wünsche uns allen auf diesen beiden Gebieten eine ähnliche Hingabe, wie sie die Frau aus Bethanien gegenüber Jesus zum Ausdruck brachte.

„Miteinander" der christlichen Nachbarschaftshilfe

ÖkumenischerGottesdienst
Samstag vor Pfingsten, 15. 05. 2010

Matthäus 9,36a
Und als er das Volk sah, jammerte es ihn.

Gemeinsam sind wir unterwegs. Als Christen und als Gemeinde.
Und dabei ist es unsere Aufgabe, einander auf dem Wege zu helfen. Wir unterstützen einander, um gemeinsam ans Ziel zu gelangen. Das ist sozusagen die binnenkirchliche Seite. Nach außen hin haben wir den biblischen Berichten zufolge die Aufgabe, unseren Mitmenschen Zeugnis abzulegen von der frohen Botschaft durch Wort und Tat.

Heute steht die Gründung der Nachbarschaftshilfe Broitzem bzw. der Aktion „miteinander" im Mittelpunkt dieses ökumenischen Gottesdienstes. Die katholische wie die evangelische Gemeinde hier in Broitzem wollen sich einsetzen für die Verbesserung der Lebensqualität der Bürger vor Ort. Bevor wir über die konkreten Möglichkeiten einer Hilfe sprechen, lassen sie mich zunächst über die Voraussetzungen dafür reden.

Zugrunde legen möchte ich ein Wort der Bibel, das ich im Evangelium des Matthäus gefunden habe. Es ist der Vers 36 a im neunten Kapitel. Er lautet: *„Und als er das Volk sah, jammerte es ihn."*

Das ist die Grundvoraussetzung für alles Handeln der Kirche und ihrer Mitglieder. Gott sieht die Menschen mit den Augen Jesu. Und von ihm heißt es: „Als der die Menge sah, jammerte es ihn." Mit den Augen Gottes gesehen ist die Menschheit in einem Zustand des Jammers. Und die Liebe Gottes zeigt sich darin, dass Jesus dieser Zustand nicht gleichgültig ist. Jesus weiß, dass jeder Mensch Zuwendung und Anerkennung zum Leben braucht. Und so ist Gott seiner Menschheit immer zugewandt. Bei ihm finden wir Anerkennung und Zuneigung –, die wir so sonst nirgends bekommen. Umsonst und ohne Vorbedingung. Und zwar alle Menschen, zu allen Zeiten und an allen Orten. Davon gilt es als christliche Gemeinde Zeugnis abzulegen, und zwar durch Wort und Tat.

Wenn wir im Herrengebet sprechen: *Vaterunser im Himmel*, dann schließen manche aus der räumlichen Aussage, dass Gott weit weg ist und seine Menschen sich selbst überlassen sind. Es gibt aber auch eine andere Deutung: Denken sie an die Astronauten im Weltall. Von dort oben haben sie einen anderen Blickwinkel auf die Erde. Deshalb bedeutet „Gott im Himmel" für mich: Von seinem Standort aus hat Gott einen besseren Überblick. Von dort oben kann er alles besser überblicken und deshalb verfügt er im Gegensatz zu uns über den nötigen Weitblick.

Warum berichtet uns die Bibel von Jesus, dass er von Zeit zu Zeit Abstand suchte und auf einen Berg stieg? Er wollte sich damit einen Überblick verschaffen. Und warum zog Jesus sich oft in die Stille zurück und suchte das Gespräch mit seinem Vater? Damit er den Überblick behielt.

Weitsicht, Überblick, Durchblick – aber ein entscheidender Blick fehlt noch, und das ist der Blick in die Tiefe. Denn ohne den bleiben wir an der Oberfläche hängen. Und das wäre fatal.

Wir Menschen spielen in unserem Leben unterschiedliche Rollen. Dabei können wir an die verschiedenen Lebensphasen denken. In der Kindheit haben wir eine andere Rolle als im Alter. Und in den mittleren Jahren unseres Lebens sind von uns ganz andere Rollen gefragt als beispielsweise in der Jugend. Ja, sogar täglich müssen wir oft von einer Rolle in die andere wechseln. Zuhause ist der Vater Familienoberhaupt oder Haushaltsvorstand, und in der Firma spielt er vielleicht nur eine untergeordnete Rolle. Viele Menschen in abhängiger Berufstätigkeit legen in ihrer Freizeit ein ganz anderes Verhalten an den Tag.

Wir müssen aber nicht nur bestimmte Rollen einnehmen, sondern wir schlüpfen auch gern in andere Rollen. Manchmal suchen wir dahinter Schutz. Wir legen uns eine Maske zu und verstecken uns dahinter. So machen wir anderen und manchmal auch uns selbst etwas vor.

Denken sie z.B. an den Familienvater, der jeden Morgen gut gefrühstückt, Gel gestylt, im vollen Zwirn mit seiner Aktentasche das Haus zur

Arbeitsstelle verlässt. – Dabei ist er arbeitslos. Aber das möchte er aus Angst vor seiner Familie und aus Scham vor den Nachbarn verschweigen.

„Wie geht es?“, werden wir oft gefragt – und dann setzen wir häufig ein stereotypes Lächeln auf und antworten „gut“ – denn wie es darinnen aussieht, das geht niemanden etwas an.

Vor Jahren – damals kannte man den Begriff Hartz IV noch nicht – besuchte ich eine alleinerziehende Mutter eines Konfirmanden. Schon ein kurzer Blick in die niedlich eingerichtete Wohnung zeigte mir, dass hier die Trauben etwas höher hingen. Wir sprachen über die bevorstehende Konfirmation und ich erkundigte mich: „Wie und wo werden Sie feiern?“ „Es soll ein kleines Essen im Anschluss an die kirchliche Feier in unserer Wohnung mit einigen wenigen Familienangehörigen geben“, war die Antwort. Und dann berichtete mir die Mutter stolz, dass ihr Sohn ein Fahrrad erhalten würde. Das hatte er sich so sehr gewünscht. Und dafür hatte sie monatlich zehn DM zurückgelegt.

Die Armut ist unter uns. Aber sie versteckt sich. Manchmal aus Angst, manchmal aus Stolz. Und die Masken, hinter denen sie sich versteckt, können unterschiedlich aussehen. Mal lebt jemand total zurückgezogen, mal rutscht jemand in den Alkoholismus ab oder ein anderer lebt über seine Verhältnisse. Weil uns die Welt des Konsums durch die Werbung als Paradies vorgestellt wird, fällt es immer schwerer einen anderen Sinn im Leben zu entdecken.

Um in der Vielfalt den Überblick zu behalten, versuchen wir die Menschen zu klassifizieren. So wird aus dem Kind Gottes, zu dem wir von Gott her geschaffen sind, ein Trunkenbold, ein Schwätzer, ein Lügner, ein Taugenichts oder in was für Kategorien wir die Menschen auch einteilen.

Jesus aber sieht tiefer. Jesus nimmt uns nicht nur so wahr, wie wir sind. Er sieht jeden von uns mit den Augen Gottes an. Und mit den Augen der Liebe gesehen, erkennt unser Herr das Verlorene in uns. Er sieht in uns aber auch das Bild, so wie wir sein könnten, und so wie wir von Gott gewollt und geschaffen sind. Auch in der größten Gottesferne und in der tiefsten Verkommenheit sehen die Augen der Liebe noch das Kind Gottes in uns.

Deshalb jammert es Jesus. In diesem Blick Jesu liegt unsere Chance. Er schaut nicht weg. Er schaut hin. Er schaut tiefer und länger hin. Deshalb nimmt er unsere Not auch wahr. Aber er lässt es dabei nicht bewenden. Er handelt. Viele Beispiele im Neuen Testament berichten davon, wie Jesus die Not der Menschen wahrnimmt und wie er sich den Geplagten und Notleidenden zuwendet. Dadurch zeigt er ihnen die Liebe Gottes.

Hinschauen – und nicht wegschauen; wahrnehmen – und nicht darüber hinwegsehen; anrühren lassen – und nicht verdrängen; aber dann auch nicht sagen: Wir als Einzelne mit unserer kleinen Kraft vermögen ja doch nichts zu verändern. Nein, zupacken und helfen mit den Gaben und Talenten, mit denen uns der liebe Herrgott ausgestattet hat.

Während meiner Dienstzeit habe ich festgestellt, dass viele Gemeindeglieder in der Pflege tätig sind. Oft haben Kinder ihre alten Eltern oder einen Elternteil aufgenommen, um ihnen im Alter zur Seite zu stehen. Sehr häufig führt das zu einer 24 Stunden Rundumbetreuung. So seufzte eine Frau einmal bei einem Besuch: „Herr Pastor, wie gern würde ich einmal eine Stunde hier rauskommen. Es braucht nichts Besonderes zu sein, nur einmal etwas Anderes sehen und hören.“ Hier ist keine qualifizierte Krankenschwester gefragt, die die Spritze setzt. Auch nicht die Reinemachefrau, die aufräumt. Hier sucht jemand, der bei der Rundumbetreuung bis an seine physischen und psychischen Grenzen belastet wird, einen Rückzugsbereich, um aufzutanken. Wer so gefordert ist, der muss von Zeit zu Zeit den Akku wieder aufladen. Vielleicht genügt da schon ein Gang zum Eiswagen, ein Bummel zum Spielplatz oder ein kleiner Spaziergang auf dem Broitzemer Rundweg. Kurzum eine Gelegenheit, die Seele baumeln zu lassen. Die pflegenden Angehörigen müssen wissen, dass sie sich dem unbeschwert hingeben können, weil während dieser Zeit ein anderer Mensch daheim zur Stelle ist und stellvertretend ihren Platz einnimmt. Es entlastet schon zu wissen: Während ich hier unbeschwert spazieren gehe, sind Vater, Mutter, Ehemann, Kind oder Schwester und Bruder nicht allein. Im Notfall kann der Helfer schnell 112 anrufen oder mich auf dem Handy erreichen. Sie glauben gar nicht, wie hilfreich solch ein Dienst für die Pflegenden ist bzw. wäre.

Und was könnte dem gut tun, der die Pflege in Anspruch nehmen muss? Für den einen wird es ein Gespräch sein. Er oder sie ist wahrscheinlich durch das Fernsehen oder Radio mit der Außenwelt verbunden. Aber wenn ihm oder ihr ein Besucher gegenübersitzt, der ihm die Geschehnisse da draußen aus seiner Sicht kommentiert, dann hat das für den Besuchten noch einmal eine ganz andere Qualität.

Oft wird Zuhören aber wichtiger sein als selbst zu reden. Auch unter Familienangehörigen bleibt manches ungesagt. Vielleicht können die Angehörigen auch nicht mehr zuhören, weil sie das Gesagte schon zu oft gehört haben. Vielleicht ist da aber auch eine gewisse Scheu, sich seinen nächsten Angehörigen mitzuteilen, weil es diese oder einen selbst zu sehr belasten könnte. Über manches lässt sich mit einem Fremden eher reden.

Solche Besucher können für die Besuchten dann zu Engeln werden, von denen die heilige Schrift ja redet. „*Wann haben wir dich besucht?*" haben wir eingangs in der Lesung gehört. Und Jesus antwortet: „*Was ihr einem dieser Geringsten getan habt, das habt ihr mir getan.*"

Warum heißt die Aktion, für die dieser Gottesdienst sozusagen der Startschuss sein soll, „miteinander"? Ein Einzelner wäre mit dem Programm, das sich die Initiatoren und das Team vorgenommen haben, gewiss überfordert. Aber in der christlichen Gemeinde gibt es viele unterschiedliche Gaben und Talente. Wenn Jesus sagt: „*Alle Dinge sind möglich dem, der da glaubt* (Mk 9,23)" dann gilt diese Zusage unseres Herrn auch seiner Gemeinde und nicht nur einem Einzelnen.

Voraussetzung aber für jede Hilfe ist dieser liebevolle Blick. Wir müssen die Menschen mit ihren Nöten in den Blick bekommen. Wir dürfen nicht nur an der Oberfläche bleiben. Wenn wir in jedem das Geschöpf Gottes sehen, dann wird es uns leichter fallen, wahrzunehmen, was die Mitmenschen wirklich brauchen.

Lasst uns unseren Herrn darum bitten, dass er uns seine Liebe ins Herz einpflanzt, damit wir unsere Umwelt und die Menschen darin mit den Augen Gottes sehen.

Tag der weltweiten Kirche

Pfingsten, 04. 06. 2006

Johannes 3,16
Also hat Gott die Welt geliebt, dass er seinen eigenen Sohn gab, damit alle, die an ihn glauben, nicht verloren werden.

Kein Leben ohne Atmung! Wie Essen und Trinken gehört das Ein- und Ausatmen zum Leben.

Für den einzelnen Christen wie für eine Gemeinde sind Gebet, Bibellese und Gottesdienst so etwas wie das Einatmen, ob allein im stillen Kämmerlein oder in der Gemeinschaft oder im Gottesdienst.

Ob persönliches Bibelstudium allein oder im Bibelkreis – Gebet, Bibellese und Gottesdienst sind Ausdruck des Glaubens – sie kommen dem Einatmen gleich.
Ausatmen ist dann der Zeugendienst eines Einzelnen oder einer Gemeinde in Wort und Tat. Die alte Kirche nannte das Kerygma – Verkündigung – und Diakonia – tätige Nächstenliebe. Auch dieses Ausatmen ist Ausdruck unseres Glaubens.

Fehlt das Ausatmen im Leben des einzelnen Gläubigen oder einer Gemeinde, dann fehlt dem Glauben die Weite. Er bleibt bei sich selbst und muss zwangsläufig verkümmern. Und ohne Gebet, Bibellese und gottesdienstliche Gemeinschaft fehlt der Tiefgang, auch wenn ein Einzelner oder eine Gemeinde sich noch so redselig oder geschäftig gibt. Viele Gemeinden unserer Landeskirche sind tot, auch wenn in ihnen noch so viel Trubel herrscht.

Auch wenn Zahlen und Statistiken keinen Gradmesser für den Glauben darstellen, so spricht es Bände für die fehlende Wirkkraft unserer Landeskirche, wenn der Anteil der Christen an der Gesamtbevölkerung in Braunschweig unter die 50%-Grenze gesunken ist.

„Wir können es ja nicht lassen, von dem weiter zu erzählen, was wir gesehen und gehört haben." So heißt es von den Jüngern (in der Apostelgeschichte 4,20 von Petrus und Johannes).

Ich freue mich, dass ich heute am Pfingstsonntag hier bei ihnen in Volkmarode sein darf. Zum einen habe ich die Einladung ihrer Pastorin dankend angenommen, weil ich Frau Koch schon als Pastorenlehrling aus der Propstei Vechelde kenne. Sie ist mir dort in ihrer fröhlichen, offenen und zupackenden Art aufgefallen. Zusammen mit meiner Frau sind wir dann einmal bei einem Besuch liebevoll bewirtet worden, sodass wir uns gefragt haben, wie die Frau das noch neben ihrer vielen Arbeit schafft.

Der zweite Grund liegt darin, dass diese Gemeinde den „Tag der weltweiten Kirche" begeht. Es gibt für mich zwei Typen von Gemeinden oder Kirche. Der eine Typus von Kirche hat viel gemein mit einer Selbsthilfegruppe. Nichts gegen Selbsthilfegruppen. Ob Anonyme Alkoholiker oder andere – sie haben ihre Berechtigung. Aber eine Gemeinde, die nur um sich selbst kreist, die selbstgenügsam zurückgezogen in der Welt lebt, die ist krank. Gemeinde oder Kirche kann immer nur Kirche oder Gemeinde für andere sein, wenn sie ihrer Bestimmung gerecht werden will.

Der dritte Grund, weshalb ich gern zu ihnen gekommen bin, liegt darin, dass bei dem Thema „weltweite Kirche" das Herzblut eines Missionars in Bewegung gerät.

Mission ist kein Relikt aus der Zeit des Kolonialismus. Mission ist kein Hobby von einigen wenigen Fans. Mission ist auch kein Luxus, den man sich leisten kann, wenn man zu viel Geld hat – und den man dann konsequenterweise fallen lassen muss, wenn die Finanzen knapp werden.

Nein – Mission ist Wesensausdruck eines lebendigen Christentums. Ohne Mission sind wir ein sterbender Verein. Es geht mir dabei nicht um Mitgliederwerbung, sondern ich meine das im Sinne von lebenserhaltendem Ausatmen. *„Wir können nicht verschweigen, was wir gesehen und gehört haben."*

Das, was unserem Leben Halt und Ausrichtung gibt, das, was für uns Lebensmitte, Sinn und Inhalt ist, nämlich der Glaube an die Liebe Gottes, die in Jesus Christus gegenständlich und für uns alle sichtbar und greifbar geworden ist – das also, was unser Christenleben trägt und erhält, das ist uns so wichtig geworden, dass wir es nicht für uns allein behalten können. *Also hat Gott die Welt geliebt, auf dass alle, die an ihn glauben, nicht verloren werden, sondern das ewige Leben ererben.*

Von dieser frohen Botschaft sind wir ergriffen, und diese frohe Botschaft möchten wir weitergeben in Wort und Tat durch unser Leben. Und wir haben die Hoffnung, dass sie wie uns auch heute noch andere Menschen erreicht. Und wir sind davon überzeugt, dass die Welt die frohe Botschaft von Gottes grenzenloser Liebe heute noch genauso nötig hat wie eh und je.

Es war 1974 vor unserer Ausreise nach Südafrika. Ich war zum Englischstudium in London und wohnte im Studentenwohnheim Lee Abbey. Das Zimmer teilte ich mit einem Indonesier. Zwei seiner Angewohnheiten sind mir noch bleibend in Erinnerung. Wenn er ein gewisses Örtchen aufsuchte, dann nahm er immer ein Gefäß mit Wasser gefüllt mit. Er gab übrigens nie die linke Hand. – Und das Zweite war, dass er abends seinen Teppich im Zimmer ausrollte und sein Gebet mit Blickrichtung Mekka verrichtete. Ich habe dann vor meinem Bett gekniet und mit meinem Herrn Zwiesprache gehalten. Leise allerdings, damit kein Wettstreit daraus wurde.

Eines Tages erhielt ich eine Einladung zu einer Party. Aller Herren Länder waren vertreten. Frauen natürlich auch. Ein Schwarzafrikaner fragte mich nach Beruf, Herkunft etc. Als ich ihm auf Englisch erklärte, dass ich als Missionar nach Südafrika gehen würde, ergoss sich ein Schwall von Hasstiraden über mich. „So seid Ihr Weißen. Erst habt Ihr uns unterdrückt und dann habt Ihr uns unserer Identität und Kultur beraubt." Hatte er statt missionary mercenary verstanden? Also statt Gesandter des Herrn Söldner einer Machtgruppe? Es folgte danach noch ein längeres Gespräch, das ich hier nicht wiedergeben kann, aber die Begebenheit macht eine Problematik deutlich: Mission ist gegen Missverständnisse nicht gefeit, weder auf Seiten derer, die die frohe Botschaft ausbreiten, noch auf Seiten derer, zu denen diese Botschaft gelangt.

Das größte Missverständnis würde jedoch darin bestehen, dass wir das Evangelium wie ein x-beliebiges Produkt vermarkten würden. Das würde nämlich nach folgendem Rezept ablaufen: Man trage einen Batzen Geld zusammen, mache eine Marktanalyse, entwickele Zielvorstellungen und Strategien, man suche die fähigsten Mitarbeiter aus, lasse ihnen das beste Training im Sinne von Verkaufsstrategien angedeihen und dann bringe man das Produkt mit den besten Tricks an Mann und Frau.

Was ich eben skizziert habe, ist von Menschen erdacht und hat mit Gott nichts zu tun. Die Pfingstgeschichte zeigt uns, dass Kirche keine menschliche Schöpfung ist. Der Anfang liegt bei Gott. Gott sandte seinen Sohn, um uns seine Liebe zu zeigen, Und Gott schickte seinen Geist – und das wurde die Geburtsstunde der Kirche.

Was ist das für ein jämmerlicher Anblick – diese Jüngerschar! Ängstlich hat sich der Haufe in einem Kämmerlein in Jerusalem verkrochen. Nichts, aber auch gar nichts deutet auf Missionseifer hin. Sie haben kein Bedürfnis, von diesem Jesus weiterzusagen. Die Angst lähmt sie. Erst durch ein erneutes Eingreifen Gottes werden sie zu Zeugen des Auferstandenen. Sie verlieren ihre Angst. Es treibt sie hinaus, auf die Straße, auf Plätze und Märkte in fremde Städte, Länder und Kontinente. Sie können es nicht lassen.

Wes das Herz voll ist, des geht der Mund über. Sie berichten von den großen Taten Gottes.

Ist die Mission Gottes mit seiner Menschheit zu Ende gekommen? Es hat Visionen gegeben, die davon ausgegangen sind, dass der Auftrag der Mission erfüllt ist, wenn die frohe Botschaft alle Völker der Erde erreicht hat. Manche, wie z. B. die Wicliff-Bibelübersetzer – möchten die frohe Botschaft in alle großen Sprachgruppen übersetzen. So verstehen sie das Wort aus dem Missionsbefehl *„Gehet hin in alle Welt"*.

Für mich ist Mission ein bleibender Auftrag der Christenheit für alle Zeiten. Und wissen sie warum? Weil jede Generation wieder neu für das Evangelium von Jesus Christus gewonnen werden muss.

Wie dankbar wären viele Eltern, wenn sie ihren Glauben an ihre Kinder und Enkel sozusagen mit der Muttermilch vererben könnten. Aber leider geht es nun einmal nicht automatisch. Hier ist Überzeugungsarbeit zu leisten. Und das beste Zeugnis ist nicht das gesprochene Wort, auch nicht die schönste Tat christlicher Nächstenliebe, sondern ein Leben, das aus dem Glauben heraus gelebt wird. Das, was wir sind, spricht mehr als das, was wir sagen.

Damit komme ich zum Letzten.
In einer Missionsversammlung sprach ein Asiat die Worte: „Christus hat keine anderen Füße als Deine. Christus hat keine an deren Hände als Deine.“ Verbinden sie das einmal mit den Worten des Missionsbefehls: *„Gehet hin in alle Welt, machet zu Jüngern alle Welt, indem ihr tauft und sie alles zu halten lehrt, das ich euch befohlen habe.“*

Ich kann mir nur schwer vorstellen, dass unser Herr einem Beinamputierten sagt: „Lass alles stehen und liegen und gehe hinaus in die Welt.“ Was aber hindert uns, die frohe Botschaft weiterzugeben? Warum bleiben wir unserem fernen und nahen Nächsten die frohe Botschaft schuldig?

Was tun wir, um unseren Kindern und Enkeln, unseren Freunden und Verwandten, unserem Nachbarn und Arbeitskollegen von Jesus Christus weiterzusagen? Allen denen, die den Auftrag ernst nehmen, gilt die Verheißung des Auferstandenen: *„Siehe, ich bin bei Euch alle Tage bis an der Welt Ende.“*

In diesem Sinne wünsche ich uns allen ein frohes Pfingstwunder.

Gottes Geist leitet

1. Sonntag nach Trinitatis, 25. 05. 2008

Sacharja 4,6

Es soll nicht durch Heer oder Kraft geschehen, sondern durch meinen Geist, spricht Gott, der Herr Zebaoth.

Mit dem Sonntag Trinitatis, vergangene Woche, ist die Kirchenjahreszeit mit den großen Festen abgeschlossen. Die drei christlichen Feste zeichnen sich ja dadurch aus, dass sie jeweils zwei Feiertage haben. So feierten wir neulich Pfingstsonntag und Pfingstmontag. Meinen Konfirmanden habe ich immer erklärt, dass wir dann den Geburtstag der Kirche begehen. Denn durch das Wirken des Geistes Gottes sind Menschen an die Öffentlichkeit getreten und haben von den Taten Gottes berichtet. So ist Gemeinde entstanden. Eccelesia, die Schar der Herausgerufenen, wie man wörtlich übersetzen kann. Ob die einzelne Gemeinde Kirche genannt wird oder der Zusammenschluss von Gemeinden ist dabei unerheblich.
Für die Woche nach Pfingsten ist uns ein Wochenspruch mit auf den Weg gegeben, der für mich eine so wundervolle Verheißung enthält, dass sie heute Thema dieser Predigt sein soll.

„Es soll nicht durch Heer oder Kraft geschehen, sondern durch meinen Geist, spricht der Herr.“ So lautet das Wort aus dem Alten Testament beim Propheten Sacharja, Kapitel 4, Vers 6. – *„Es soll nicht durch Heer oder Kraft geschehen“* – diese Zusage Gottes empfinde ich zunächst einmal als entlastend.

Vorausschicken möchte ich allerdings, dass das aber keine Einladung zur Faulheit sein soll. So nach dem Tenor: „Wir können die Hände beruhigt in den Schoß legen, der liebe Gott wird es schon richten.“ So ist das Wort sicherlich nicht zu verstehen. Es geht auch nicht nach der Melodie: „Mit unserer Macht ist nichts getan.“ Denn das klingt eher resignativ, so wie: „Wir können eh nichts tun, deshalb versuchen wir es erst gar nicht.“ Wenn ich von entlastend spreche, dann meine ich, dass das Wort in meinen Ohren befreiend klingt. Ich spüre, wie Druck von meinen Schultern fällt. Und das empfinde ich als überaus tröstend, obwohl ich als Rentner nicht so davon betroffen bin wie etwa die Berufstätigen. Haben sie nicht auch den Eindruck, dass der Leistungsdruck in unserer Gesellschaft immer mehr zunimmt?

Das fängt schon bei den Kleinsten an. Da werden Krippenplätze geschaffen. Eine ideale Sache für berufstätige Mütter. Es hat auch den Vorteil, dass die Kleinen schon sehr früh ein Sozialverhalten lernen, das später in Schule und Gesellschaft wichtig wird. Sie lernen dadurch früh, sich anzupassen. Im Kindergarten werden sie von ausgebildeten Fachleuten betreut. Hier findet Wissensbildung statt – nennen wir es einmal „spielend lernen". Wir wissen ja aus der Pädagogik, dass ein junger Mensch prägsam ist wie Wachs. Je solider das Fundament, das in den ersten vier Lebensjahren gelegt wird, um so haltbarer ist das, was darauf aufbaut. Und Bildung ist die wichtigste Grundlage für die Ausbildung – neben der Beziehung.

Denken sie an die Zeit, wenn die Entscheidung fällt über die Zulassung der Kinder zu weiterführenden Schulen. Wer bekommt die Empfehlung für das Gymnasium? Was für ein Kampf ist das manchmal zwischen Lehrern und Eltern! Und wie oft quält sich ein Kind durch die Schulzeit, weil die Eltern sie oder ihn aufs Gymnasium geschickt haben. Natürlich wollen sie ihm die besten Chancen durch diese Schulbildung im Leben einräumen. Aber welch ein Druck wird da aufgebaut für ein kleines Kind, das auf der Hauptschule besser aufgehoben wäre. Dann geht es weiter mit dem Notenschnitt, der über die Zulassung an die Universität entscheidet.

Wir können weiter schreiten zur Berufswahl. Wie viele Bewerbungsschreiben muss mancher junge Mensch verschicken, bis er oft nach langer Wartezeit zu einem persönlichen Gespräch eingeladen wird? Und wie viele Vorstellungen muss mancher junge Mensch ableisten, ehe er irgendwo einen Ausbildungs- oder Arbeitsplatz findet? Und wenn ein Mensch einen Arbeitsplatz gefunden hat? Hört dann der Leistungsdruck auf? Wie in der Planwirtschaft wird das Plansoll angehoben: Längere Arbeitszeiten, Personaleinsparung, Lohnanpassung nach unten – der Druck nimmt zu.

Und jetzt stellen sie sich einmal vor, dass der liebe Gott auch noch Druck ausüben würde. „Du musst Dich anstrengen im Glauben, sonst wirst Du Dein Ziel nicht erreichen. Erst wenn Du die und die Leistung erbringst, dann steht Dir das Tor zum Himmel offen.“ Leistungsdruck im Glauben.

Das Paradies kann man sich nicht erarbeiten. Das gibt es gratis oder gar nicht. Das steckt für mich jedenfalls hinter dieser schönen Verheißung: *„Es soll nicht durch Heer oder Kraft geschehen.“* Ist das in ihren Ohren etwa nicht tröstlich? Wir müssen keine Leistungen erbringen, um uns das Himmelreich zu verdienen. Auch keine Vorleistungen. Jesus sagt doch nicht: „Erst musst Du ein anständiger Mensch werden, dann kannst Du mir nachfolgen. Erst musst Du diese oder jene Leistungen in puncto Frömmigkeit erbringen, dann erlaube ich Dir Mitglied in meinem Verein zu werden.“ So nicht. Folge mir nach, lautet die freundliche Einladung. Ohne Vorleistung und ohne Druck. Ist das nicht schön?

Schauen sie sich einmal an, welche Leistungen Menschen in anderen Religionen abverlangt werden. Der christliche Glaube ist so umfassend, weil niemand ausgegrenzt wird. Das ist das Schöne am christlichen Glauben. Wenn Gott unsere Leistungen als Einlassbedingung abfragen würde, dann bezweifele ich, ob einer von uns hier die Bedingungen erfüllen würde.

Ein Glück, kann ich da nur sagen, dass menschlicher Geist darüber nicht zu entscheiden hat. Wehe uns, wenn Menschen die Spielregeln für das Reich Gottes ausarbeiten würden. Ich bin davon überzeugt, dass sofort eine Reihe von Menschen ausgeschlossen wäre. Ein Glück für uns, dass der Geist Gottes ein anderer ist.

Und dass Gottes Geist ein anderer ist, das wissen wir durch Jesus Christus. Er hat uns die Liebe Gottes gezeigt. In seinen Worten und Taten ist dieser Geist Gottes spürbar und wirksam geworden. Wenn Jesus sagt: *„Kommet her zu mir alle, die ihr mühselig und beladen seid, ich will Euch erquicken“*, dann zeigt sich in dieser Botschaft dieser Geist Gottes. Nicht Macht, nicht Druck, sondern liebevolle Zuwendung zu allen Menschen an allen Orten zu allen Zeiten. Gottes Geist ist umfassende Liebe. All inclusive – würde wir heute sagen.

Und wenn wir in diesem Geist die Bibel lesen, dann steht da eben nicht: „Und willst Du nicht mein Bruder sein, dann schlag ich Dir den Schädel ein.“ Religion wird da nicht instrumentalisiert und als Machtmittel eingesetzt, um damit Menschen zu knechten. Religion ist dem Geiste Gottes nach das Liebeswerben des Allmächtigen um uns. Und dieses Angebot dürfen wir als Kirche, Gemeinde und Gemeinschaft der Glaubenden weitergeben. Uns einzelnen Christen ebenso wie der Kirche gilt die Verheißung nicht durch eure Kraft, sondern durch meinen Geist. Durch uns will der Geist Gottes wirksam werden.

Ganz schön mutig, unser himmlischer Vater. Was für ein Vertrauen bringt er uns entgegen! Wir dürfen mitarbeiten am Reich Gottes. Ich hoffe, sie haben jetzt richtig hingehört. Mitarbeiten und nicht stellvertretend für Gott die Dinge in die Hand nehmen. Wir brauchen uns keinem Stress auszusetzen. Es liegt nicht in unseren Händen. Wir können unbesorgt um die Zukunft der Kirche, unserer Gemeinschaft und unseres Glaubens alles Gott anbefehlen. Sein Geist ist es, der Leben schafft. Sein Geist ist es, der Gemeinde schafft. Sein Geist ist es, der Kirche baut und erhält. Wir können und brauchen da nichts zu tun. Das meine ich mit tröstlich.

Allerdings ist darunter nicht unsere kirchliche Beamtenmentalität zu verstehen. Mit Beamtenmentalität meine ich die Haltung: „Ob ich viel tue oder ob ich wenig tue oder ob ich überhaupt nichts tue, mein Geld kommt automatisch.“ Bitte sagen sie nun nicht, dass ich allen Beamten und Kirchenleuten Faulheit unterstelle. Ich möchte nur aufzeigen, dass die Leistungskontrolle in der freien Wirtschaft oft den Leistungsdruck schafft. In letzter Zeit habe ich das Gefühl, dass die Kriterien der Wirtschaft inzwischen auch bei der Kirche angekommen sind. Aus Kostengründen und aus Gründen der Effektivität werden die Gemeindegliederzahlen angehoben und Gemeinden zusammengelegt und einiges mehr.

Und so mancher Pastor setzt sich selbst unter Druck durch selbst gesteckte Ziele, durch falsche Vorstellungen und Arbeitsweisen und was es alles noch so gibt. Auch da empfinde ich es als tröstlich, dass uns die Verheißung sagt: nicht durch eure Kraft und euren Einsatz.

Wenn sie meinen, dass aber langsam einmal ein „Aber“ kommen müsste, dann brauchen sie nicht mehr zu warten. Aber – jetzt kommt es – die

Erfüllung der Verheißung des Geistes Gottes lebt von zwei Voraussetzungen: Erstens, dass wir Gott vertrauen und zweitens, dass wir ihn auch machen lassen.

Wir Menschen sind ja alle kleine Macher. Sie können es an sich selbst beobachten. Es fällt uns schwer, nur ruhig dazusitzen. Wir müssen immer etwas tun. Das machen sich Geschäftemacher zunutze. Denken sie nur an die tragbaren Telefone mit den vielen Möglichkeiten oder an die digitalen Musikgeräte. Überall sieht man Menschen mit diesen Knöpfen im Ohr. Wir müssen laufend etwas tun. Gut, im Notfall kann ein Handy Leben retten. Aber wer ist so wichtig, dass er 24 Stunden am Tag überall erreichbar sein muss? Anstatt in Ruhe die Zugfahrt zu genießen, bedienen die Hände die Tastatur auf dem Gameboy. Wir müssen immer etwas tun. Dahinter steckt doch die Haltung: „Ohne uns läuft nichts." Und jetzt sagt unser Bibelwort: „Lass Gott etwas tun." Das fällt unendlich schwer. Im Grunde genommen steckt hinter vielem Aktionismus in der Kirche Unglaube. Wir trauen Gott nicht zu, dass er zu seinen Verheißungen steht. Wir glauben ihm einfach nicht. Deshalb sagen wir zu ihm: „Lass mich mal ran." Wir trauen ihm nichts zu und deshalb müssen wir alles allein tun.

Die erste Voraussetzung dafür, dass Gottes Geist wirken kann, ist die, dass wir darauf vertrauen, dass er zu seinen Verheißungen steht. Und dem folgt, dass wir Gott dann auch bitten, dass er wirksam wird. Ich glaube nicht, dass in unseren Gemeinden zu wenige Menschen arbeiten. Ich vermute eher, dass zu wenige Menschen beten. Es fehlt uns an Beständigkeit und Hingabe zum Gebet.

Wir sind Macher, so sagte ich vorhin. Und weil wir Macher sind, deshalb sind wir keine Beter. Sie können ja einmal einen Probelauf starten. Starten sie einen Aufruf in der Gemeinde mit folgenden Worten: „Wir treffen uns einmal wöchentlich zum Gebet. Wir wollen Gott einladen, dass sein Geist bei uns wirksam wird." Setzen sie Tag und Stunde fest – und dann werden sie sehen, wer kommt und wie treu diese Menschen Gott an sein Versprechen erinnern.

Lassen sie mich zum Schluss noch sagen: Gottes Geist ist die verändernde Kraft in unserem Leben. Wenn Gottes Geist in uns lebendig ist, dann bedeutet das, dass wir die Welt mit Gottes Augen sehen. Wir können dabei an ein Wort der Bibel denken: *Und als Jesus die Menge sah, da jammerte ihn.* Er sah die Verlorenheit und die Bedürftigkeit. Das ist ein ganz anderer Blick, als wenn man in seinem Nachbarn am Arbeitsplatz nur den Konkurrenten sieht, der einem den Posten streitig machen will.

Der Geist Gottes schenkt uns aber nicht nur eine andere Weltsicht. Durch ihn kommt die Kraft Gottes in unser Leben. Der Geist schenkt Gewissheit des Glaubens und er schenkt Kraft zur Umsetzung. Merken sie den Unterschied?
Oft ist es bei uns doch umgekehrt. Wir schaffen, bis wir außer Puste sind. Und wenn wir nicht mehr weiter wissen, dann rufen wir den lieben Gott um Hilfe, wie man sonst die Feuerwehr ruft.

Möchte der Geist Gottes es uns schenken, dass wir uns erst an die richtige Adresse wenden und dann mit eigenen Händen kräftig zupacken.

Ich bin davon überzeugt, dass der Segen auf dem letztgenannten Weg ruht.

4. Sonntag nach Trinitatis, 09. 07. 2006

Lukas 18, 18-23 (24-27)

Und es fragte ihn ein Oberer und sprach: Guter Meister, was muss ich tun, damit ich das ewige Leben ererbe? Jesus aber sprach zu ihm: Was nennst du mich gut? Niemand ist gut als Gott allein. Du kennst die Gebote: »Du sollst nicht ehebrechen; du sollst nicht töten; du sollst nicht stehlen; du sollst nicht falsch Zeugnis reden; du sollst deinen Vater und deine Mutter ehren!« Er aber sprach: Das habe ich alles gehalten von Jugend auf. Als Jesus das hörte, sprach er zu ihm: Es fehlt dir noch eines. Verkaufe alles, was du hast, und gib's den Armen, so wirst du einen Schatz im Himmel haben, und komm und folge mir nach! Als er das aber hörte, wurde er traurig; denn er war sehr reich.
(Als aber Jesus sah, dass er traurig geworden war, sprach er: Wie schwer kommen die Reichen in das Reich Gottes! Denn es ist leichter, dass ein Kamel durch ein Nadelöhr gehe, als dass ein Reicher in das Reich Gottes komme. Da sprachen, die das hörten: Wer kann dann selig werden? Er aber sprach: Was bei den Menschen unmöglich ist, das ist bei Gott möglich.)

Viermal taucht die Frage nach dem ewigen Leben im Zusammenhang mit den Geboten in den Evangelien des Neuen Testamentes auf. Bei Lukas im 10. Kapitel stellt ein Schriftgelehrter, also ein Theologe, die Frage an Jesus: „Was muss ich tun, damit ich ewiges Leben erwerbe?" Der Gelehrte möchte eine gedankliche Auseinandersetzung, eine Diskussion, also Theologengezänk. Das ist etwa so, als wenn Menschen beim Bier an der Theke nicht endende Gespräche über den Glauben haben. Da kommt niemand zum Glauben! Das ist vergebliche Mühe, vertane Zeit. Jesus merkt die Absicht dann ja auch sehr schnell und überführt den Schriftgelehrten mit der Beispielgeschichte vom barmherzigen Samariter. Damit zeigt er dem Gelehrten, dass es dem gar nicht um eine Verhaltensänderung geht, sondern nur um eine theoretische Erörterung, die im Leben ohne Folgen bleibt.

Die Berichte in den ersten drei Evangelien verdeutlichen, dass die Frage des reichen Jünglings größeren Tiefgang hat. Für ihn hat die Frage Folgen. Denn am Schluss heißt es, dass der Jüngling traurig davonging.

Lehne ich mich zu weit aus dem Fenster, wenn ich sage, dass die Frage nach dem ewigen Leben in unserer Gesellschaft keine Rolle spielt? Weitgehend auch bei uns Christen nicht mehr! Unser Leben wird bestimmt von der Angst vor dem Tod. Funk und Fernsehen bringen uns die Gefährdung des Lebens tagtäglich ins Haus. Katastrophen weltweit, Hunger und Tod holen wir uns in die Wohnstuben. Wir erleben die Bedrohung des Lebens hautnah mit, und wir reagieren darauf. Entweder versuchen wir, depressive Stimmungen durch Ablenkungen wie Süchte und Vergnügungen zu verdrängen oder wir bekämpfen die Angst vor der Vergänglichkeit durch die Gier nach dem Leben. Und die zeigt sich in unserem Streben nach Wohlstand und im Konsumieren. Die Jagd nach dem „immer mehr" als Reaktion auf die Angst vor dem Sterben. Dies und jenes muss noch angeschafft werden. Hier und da wollen wir noch hinreisen. Wir tun so, als ob unser Leben hier auf Erden ewig währt, weil wir keine Ewigkeitshoffnung haben. Weil unsere Zeit hier auf Erden ausläuft, weil wir eben keine Zeit haben, deshalb müssen wir hetzen. Vor dem Sterben müssen wir alles geschafft haben. Denn danach ist es zu spät.

Wie armselig ist doch manchmal auch ein Christenleben, das so von der Hetze bestimmt ist. Da heißt es auch noch von einem Achtzigjährigen: „Er hatte ja noch so viel vor, nein, dass er nur so früh von uns gegangen ist." – Wenn ich einmal in das Grab gelegt werde, dann kann man vielleicht auch sagen: „Er war voller Ideen." Aber ich möchte dann, dass gesagt wird, es war ein erfülltes Leben. Sein Leben hat Ewigkeitscharakter.

Und damit bin ich bei der Frage: „Was ist denn ewiges Leben?" Zunächst einmal: In uns allen steckt die Sehnsucht nach dem ewigen Leben. Gerade weil wir die Vergänglichkeit immer und überall erleben, sehnen wir uns nach etwas, das Bestand hat. Was bleibt, wenn ich von dieser Erde muss? Diese Frage bewegt uns doch alle, auch wenn sie nicht immer ausgesprochen ist.

Im vorigen Jahrtausend sorgten sich Sippenverbände und Dynastien darum, dass der Name ausgelöscht werden könnte. Alle Besitzenden, ob Handwerk, Geschäft, Fabrik oder Bauernhof – sie alle warteten auf den Stammhalter. Er sollte nicht nur den Betrieb übernehmen, sondern auch den Namen weitertragen. Was ist das anderes als der Versuch der Unsterblichkeit? Ich kenne Paare, die so lange geübt haben, bis der lang ersehnte Stammhalter dann endlich ankam. „Unsere Familienplanung ist nun abgeschlossen", hieß es dann, wenn nach einer Reihe von Mädchen endlich der Junge da war. Heute ist glücklicherweise das Erb- und Namensrecht geändert, sodass damit auch Veränderungen eingeleitet sind.

Alle Errungenschaften in der Technik sind doch nicht nur der Suche nach Bequemlichkeit entsprungen. Die Kulturleistungen der Menschheit sind nicht nur der Abenteuerlust und dem Entdeckertrieb zuzurechnen. Schon in der Urgeschichte am Anfang der Bibel in der Geschichte vom Turmbau zu Babel wird uns noch ein Motiv genannt! *Sie wollten sich einen Namen machen.* Was ist das anderes als das wahnhafte Verlangen nach Unsterblichkeit? Und wenn Präsident Bush die Zwillingstürme in Manhattan größer und schöner wieder aufbauen will, dann ist das zunächst aus der Ohnmacht, Wut und Trauer heraus verständlich. Aber dahinter steckt auch der Wunsch nach dem Unzerstörbaren, nach dem, was Bestand hat über diese Generation und über den eigenen Tod hinaus. Das drückt der Volksmund auch aus mit den drei Dingen, die ein Mann in seinem Leben erreicht haben muss:

1. einen Jungen zeugen,
2. ein Haus bauen und
3. einen Baum pflanzen.

Die Liste ließe sich bestimmt noch ergänzen mit: Buch schreiben, seinen Doktor bauen etc. Das sind alles Versuche, Bleibendes zu schaffen, sich einen Namen zu setzen, damit man nicht der Vergessenheit anheimfällt.

Aber lassen sie mich das ganz deutlich sagen: Ewigkeit ist etwas anderes als die Verlängerung unseres Lebens hier auf der Erde bis in die Unendlichkeit. Wenn unser Leben auch auf der zeitlichen Erstreckung eine Verlängerung erfährt, dann wird dieses Leben ganz anders aussehen als das Leben, das wir hier auf Erden führen. Dessen bin ich gewiss.

Aber Ewigkeit ist noch viel mehr als nur die Verlängerung der Zeit bis ins Unendliche. Ewigkeit meint in erster Linie Qualität und nicht Quantität, Güte und nicht Menge. Aber bevor ich darauf eingehe, möchte ich noch etwas voranschicken. Von dem Jüngling in unserem biblischen Bericht wird zweierlei ausgesagt: Er war reich und er fragte, was muss ich tun. Ich denke nicht, dass man erst reich werden muss, um die Frage nach dem ewigen Leben zu stellen. Vielmehr habe ich den Eindruck, dass Menschen, die in diesem Leben zu kurz gekommen sind, die Frage nach einem Ausgleich in einem späteren Leben stellen. Denken sie dabei an die Paradiesvorstellungen im Islam. Für Christen ist die Rede von der Ewigkeit jedoch keine Vertröstung auf ein Leben nach dem Tode. Das drückt auch die Frage nach dem Tun aus. Der reiche Jüngling weiß, wenn es ein ewiges Leben gibt, dann entscheidet es sich im Hier und Jetzt. Deshalb fragt er Jesus, ob er etwas dazu beitragen kann. „Was kann ich tun?" Und die Frage nach dem Tun wird in vielen Religionen gestellt. Auch die Christen wollen etwas dafür tun, wenn sie an dem ewigen Leben interessiert sind.

Lassen sie mich versuchen, das in einem Bild auszudrücken, das ich oft im Konfirmandenunterricht benutzt habe. Da steht Gott auf der anderen Seite des Flusses. Wir sind getrennt durch einen großen, tiefen Graben, der mit Wasser gefüllt ist. Der reißende Strom hindert uns daran, das andere Ufer zu erreichen. Ob wir schwimmen oder versuchen, durch Hilfsmittel wie Boot oder Brücke den Strom zu überqueren – aus eigener Kraft kommen wir nicht ans andere Ufer.

Was uns hilft, das lesen wir im Wort Gottes. Da sagt Jesus: *„Ich bin der Weg und die Wahrheit, niemand kommt zum Vater, denn durch mich."* Jesus ist die Brücke, die den Abgrund überwindet. Wer diesen Weg betritt, der gelangt ans Ziel.

Bei Lukas heißt es: *Verkaufe alles, was Du hast und folge mir nach.* Was heißt das denn? Muss ich wirklich alles das verkaufen, was ich mir mühsam erworben habe? Nein, es will nur ausdrücken, dass all das, was dir in deinem Leben wichtig geworden ist, dich Gott und dem ewigen Leben keinen Schritt näher bringt. Wenn du Gott näher kommen willst, dann musst du die eigene Leistung vergessen. Ewiges Leben kann man nicht erwerben, weder mit Geld und Reichtum noch mit frommer Leistung. Ewiges Leben bekommt man gratis, das meint nicht umsonst, denn es kostet schon etwas. Aber es meint, dass wir es geschenkt bekommen. So ist das Wort Jesu *„folge mir nach"* eine Einladung und kein Befehl. Wer Jesus nachfolgt – und das meint hier und heute, in diesem Leben, also noch vor unserem Tode auf Erden – wer Jesus nachfolgt, der tritt in Verbindung mit dem lebendigen Gott, denn Gott ist Leben. So bekommen wir Anteil am Leben, an unvergänglichem Leben; an einem Leben, das mehr ist als essen und trinken, Geld verdienen und etwas zu leisten. Leben, das den Namen zu Recht trägt. Ein Leben, das das Gütesiegel Gottes trägt, das hat Ewigkeitscharakter. Leben, das ist Qualität von Gott bekommen.

Wenn es ein Leben nach dem Tode gibt, dann fängt das schon vor dem Tode an. Ewiges Leben gibt es schon vor dem Tode, hier auf dieser Welt, und hier in Broitzem oder Vechelde. Und jetzt: Eindringlich werden wir im Evangelium ermahnt: *„Heute, so Ihr seine Stimme hört, so verstocket Euer Herz nicht."* Wer sich heute auf Gott einlässt, wer heute auf die Stimme Jesu hört, wer ihm heute verspricht nachzufolgen und wer dem Taten folgen lässt, der hat ewiges Leben. Jetzt, nicht erst morgen oder übermorgen, nein, hier und jetzt.

Ich kann es hier nur kurz andeuten, was das bedeutet. Das ganze Leben ist verändert. Nehmen wir als Beispiel nur unseren Blick. Alles, was wir jetzt sehen, ist geprägt durch unsere subjektive Wahrnehmung. Wenn mich jemand ärgert, dann ist das für mich ein Stinkstiefel. Aber mit den Augen Gottes betrachtet, ist er trotzdem ein Geschöpf Gottes. Und ein Kind Gottes behandele ich anders als einen Stinkstiefel. Das heißt doch: Durch die Nachfolge, durch die neue Beziehung zu Gott bekommt mein Leben eine andere Qualität. Mein Leben erhält Ewigkeitswert.

Nehmen wir als ein anderes Beispiel die Zeit. Ich sagte eingangs, dass wir ein Auslaufmodell sind. Jeder hat nur eine begrenzte Zeit zur Verfügung. Einmal ist sie aufgebraucht. Das führt zu einem hektischen Leben. Ich muss schnell noch dies und das tun. Die Gewissheit des ewigen Lebens verändert dieses Lebensgefühl total. Ich habe genügend Zeit, ich habe eine Ewigkeit davon. Ich habe so viel, dass ich sie verschwenden kann. Wenn ich einen kranken Menschen pflegen muss, dann bedeutet das Lebensverlust. Wie viele Menschen kommen nicht mehr vor die Tür, weil sie einen lieben Angehörigen daheim pflegen. Und sagen sie mir bitte nicht, dass man durch eine solche Pflege reich beschenkt wird. Ich habe zu viele gesprochen, die ihre Kraft in der Pflege verbraucht haben, die ihre Zeit eingesetzt haben und deren Lebenszeit darüber abgelaufen ist. Das ist Arbeit, harte Arbeit. Aber auch, wenn das so ist, wenn jemand an die Ewigkeit angeschlossen ist, dann ist ihm damit eine Kraftquelle erschlossen, die anderen so nicht zugänglich ist. Und dann bekommt auch so ein Leben im Leiden eine andere Qualität – eben Ewigkeitswert.

Wenn das ewige Leben in dieser Welt eines schenkt, dann ist es die Gelassenheit. Ich muss nicht alles haben, ich muss nicht alles tun. Auch wenn ich nicht alles mitbekomme. Ich kann auch so ein erfülltes Leben haben. Ewiges Leben meint für mich, reich zu sein im Mangel. Auch im Leiden, auch in Not und Elend gibt es ewiges Leben: Gefängnis, Krankheit und Tod sind nicht letzte Größen. Sie können uns nicht abschneiden von der Qualität des Lebens, die durch unsere Beziehung zu Gott gegeben ist.

Als Kinder Gottes wissen wir uns von der Liebe Gottes gehalten und getragen bis in den Tod und auch darüber hinaus. Das verleiht unserem Leben Qualität und unserem Glauben Stärke.

7. Sonntag nach Trinitatis, 22. 07. 2007

Jesaja 55,1
Wohlan, alle, die Ihr durstig seid, kommt her zum Wasser und die Ihr kein Geld habt, kommt her, kauft und esst! Kommt her und kauft ohne Geld und umsonst Wein und Milch.

37° C zeigte das Thermometer in den vergangenen Tagen. Die Getränkeindustrie wird es gefreut haben. Und wer das Tour-Spektakel trotz Boykott verfolgt, der sieht, wie die Radrennfahrer laufend Flüssigkeit nachfüllen. Durst gehört elementar zu unserem Leben. Trinken ist für uns lebensnotwendig. Durch das Durstgefühl reagiert der Körper auf einen Mangel und signalisiert „auffüllen“.

Anders ist es bei Fehlhaltungen, wo der Durst zu übermäßigem Trinken verleitet. Wir können da an die Stoffwechselerkrankung Diabetes denken. Auch das Rauchen führt zu ähnlichem Verhalten, obwohl man da ja streiten kann, ob das Bier die Zigarette nach sich zieht oder ob es umgekehrt ist.

Wenn Jesaja vom Essen und Trinken spricht, dann geht es ihm um ein Grundbedürfnis des Menschen. Ohne Essen und Trinken erstirbt das Leben. Deshalb ist auch in den Menschenrechten der Vereinten Nationen verankert, dass die Grundbedürfnisse der Menschheit gewährt sein müssen. So werden aus Grundbedürfnissen Grundrechte. Neben Essen und Trinken können wir noch hinzufügen Wohnung, Kleidung, Bildung, medizinische Versorgung, Arbeit und anderes mehr.

Mit Durst meint Jesaja auch all diese Grundbedürfnisse, aber bei ihm umfasst der Durst noch mehr als die eben angeführten Dinge. Auch wenn ich genügend zu essen und zu trinken habe – auch wenn ich mich gut kleiden kann und ein Häuschen mein Eigen nenne – auch wenn ich medizinisch gut versorgt bin und eine gute und umfassende Erziehung genossen habe – der Durst bleibt.

Als ich gefragt wurde: „Wie geht es dir im Ruhestand?“ ertappte ich mich dabei, dass ich sofort aufzuzählen begann, was ich alles tue: Umbauten am Haus, Geschichten schreiben, Vertretungsdienste führte ich an, anstatt zu antworten: „Ich freue mich, dass ich nicht mehr arbeiten muss.“ Das zeigte mir, wie wichtig die Arbeit in unserem Leben ist.

So wirkt sich Arbeitslosigkeit nicht nur beim Konsumverhalten aus. Es schwächt ganz entscheidend das Selbstwertgefühl eines Menschen und senkt seinen gesellschaftlichen Status. Und für viele Menschen – gleichgültig ob Mann oder Frau – bedeutet der Eintritt in den Ruhestand oft einen Schritt ins Leere. Und deshalb sehen sie ganz schnell zu, dass diese Leere durch irgendeine Beschäftigung wieder ausgefüllt werden kann.

Aber der Durst, von dem Jesaja spricht, ist viel umfassender, als dass er durch Arbeit gestillt werden könnte. Gut, Arbeit verhilft zu einem Einkommen, das ein angenehmeres Leben ermöglichen kann. Wer etwas leistet, der erhält dadurch Anerkennung und Befriedigung. Aber es bleibt doch ein armseliges Leben, wenn der Lebensdurst auf diese Weise gestillt werden muss.

Überall in den Supermärkten werden Durstlöscher angeboten. Steht in den Regalen auch ein Durstlöscher, der unseren Lebensdurst stillen kann?

In unserer kapitalistischen Gesellschaft ist das Streben nach immer mehr, immer weiter, immer höher, immer besser und schneller Ausdruck für diesen Durst. Und die Werbung knüpft bei diesem Durst an. Was wird uns da nicht alles suggeriert, was uns zum Leben fehlt!

Wir werden zum Kaufrausch animiert. Und viele, die dem nicht widerstehen können, geraten auf diese Art und Weise in die Überschuldung, eine Falle, aus der sie allein nicht herauskommen. Aber auch der Konsumrausch kann den Durst, der aus den tiefsten Tiefen in uns aufsteigt, nicht löschen. Dieser Lebensdurst ist elementarer, als dass er durch solche äußeren Dinge aus der Welt geschafft werden könnte.

Reisen ist eine schöne Sache. Man lernt andere Gegenden und andere Menschen in anderen Kulturen kennen. Viele Pensionäre nutzen die Zeit im Alter für Reisen – solange sie es noch können. Aber stillen solche

Reisen unseren Durst nach Leben? Ist es nicht vielmehr so, dass der Durst dadurch nur noch verstärkt wird?

Wie steht es um unsere Beziehungen zu anderen Menschen? Können diese unseren Durst löschen? Ich habe einige Menschen kennengelernt, bei denen die intimsten Beziehungen zu einem anderen Menschen nicht durstlöschend waren, sondern vielmehr weitere Bedürfnisse in ihnen geweckt haben, sodass sie im Sexrausch landeten.

Das zeigt doch: Der Durst nach Leben ist unstillbar. Dieser Durst ist grenzenlos. Er überfällt alle Menschen, ob jung oder alt. Bis zu unserem letzten Atemzug steckt diese Sehnsucht nach Erfüllung in uns. Und selbst durch die größten Anstrengungen, die wir unternehmen, gelingt es uns nicht, diesen Durst zu stillen. Das ist die erste Aussage des alttestamentlichen Propheten.

Diese unstillbare Sehnsucht nach Leben steckt in allen Menschen. Manch einer empfindet schneller Durst als ein anderer. Der Eine ist genügsamer oder kann seinen Durst besser kontrollieren oder unterdrücken. Aber ob latent oder offenkundig – bei allen Menschen gehört der Durst nach Leben dazu. Diese manchmal unbestimmte, aber beunruhigende Sehnsucht nach dem Leben begleitet uns bis zu unserem letzten Atemzug. Der Mann Gottes bewertet diese Tatsache nicht, aber er behauptet, dass dieser Durst gestillt werden kann. Das ist die zweite Aussage: Der Lebensdurst der Menschen kann gestillt werden, und zwar ohne Geld. Kaufen ohne Geld – das klingt paradox. Und so ist es auch. Es gibt den Durstlöscher, der unsere Sehnsucht nach Leben stillen kann. Aber man kann ihn nicht käuflich erwerben.

Wissen sie, was diese Behauptung bei mir auslöst? Freude, unbeschreiblichen Jubel. Wenn die Sehnsucht nach Leben ohne mein Vermögen, ohne meine Leistung, ohne mein Zutun gestillt werden kann, dann habe ich Hoffnung. Wenn diese Erfüllung nur den Reichen vorbehalten wäre, dann würde ich verdursten. Würden nur einige Gebildete in diesen Vorzug kommen, dann wäre eine Elite gemeint, zu der ich nicht gehöre. Kämen nur die moralisch Anständigen in den Genuss, dann hätte ich wahrscheinlich keine Chance. Und wenn gar jemand erst eine besondere fromme Leistung erbringen müsste, ja, dann ginge ich ebenso leer aus.

Für mich liegt die frohe Botschaft des Prophetenschülers in dem kleinen Wörtchen „umsonst". Umsonst, das bedeutet: Ich muss mit nichts aufwarten. Ich brauche keine Vorleistungen zu erbringen. Jedem gilt diese Zusage „umsonst". Und ich gehöre auch dazu. Ist das nicht wunderbar? Jeder Mensch, an jedem Ort, zu jeder Zeit – ganz gleich, unter welchen Umständen er lebt oder leidet – jedem von uns ist dieses „umsonst" zugesprochen.

Der Lebensdurst eines jeden Menschen kann gestillt werden. Aber wie kann das geschehen, fragen die Jünger Jesu? Nach dem Matthäusevangelium antwortet er ihnen: „Kommet her zu mir alle, die Ihr mühselig und beladen seid, ich will Euch erquicken." Und in einem anderen Evangelium lässt Johannes Jesus sagen. „Wer an mich glaubt, der wird nimmermehr dürsten." In der Geschichte Jesu mit der Samariterin am Brunnen, die uns ebenfalls im Johannesevangelium überliefert ist, sagt Jesus: *„Wer von diesem Wasser trinkt, den wird wieder dürsten"* – damit meint er das klare Brunnenwasser. *„Wer aber von dem Wasser trinken wird, das ich ihm gebe, den wird in Ewigkeit nicht dürsten."*

Das ist die Hoffnung für alle Durstigen. Die dürstende Seele findet ihre Ruhe bei Gott. Ohne ihn bleibt der Durst. Und nur Gott kann unsere Sehnsucht nach Erfüllung stillen. Das schafft kein Mensch und wir selbst noch viel weniger, auch wenn wir uns noch so sehr anstrengen und wenn wir alles Mögliche unternehmen würden. Wenn das so ist, dann folgert der Prophet daraus, dass wir uns zu Gott aufmachen müssen.

Wir brauchen keine Anstrengungen zu unternehmen, um unseren Durst zu löschen. Diese Sorge können wir getrost Gott überlassen. Er will uns diese Arbeit abnehmen. Aber wir müssen uns aufmachen zu unserem himmlischen Vater. Er ist die nie versiegende Quelle, die unseren Durst ein für alle Mal löschen kann. Und nach der Verheißung der Bibel ist es Jesus, der uns dahin führen kann und will. *„Ich bin der Weg und die Wahrheit und das Leben, niemand kommt zum Vater denn durch mich"*, so heißt es wiederum im Johannesevangelium. Deshalb gibt es nur eine Möglichkeit, unsere Sehnsucht zu stillen – und das meint „Nachfolge". *„Kommt her, folgt mir"*, sagt unser Herr.

Lasst uns der Einladung Folge leisten, damit unsere Sehnsucht gestillt wird.

8. Sonntag nach Trinitatis, 13. 07. 2008

Matthäus, 14,22-33

Ferienzeit ist Reisezeit. Nun sind die Deutschen wieder unterwegs. Auch viele unserer Gemeindeglieder sind in den Urlaub aufgebrochen. Manche mit dem Auto, mit Bus oder Eisenbahn. Andere mit dem Fahrrad, Flugzeug oder Schiff.

Der Bibeltext, den ich heute ausgesucht habe, handelt von einer Schiffsreise. Allerdings ist es nur die Überfahrt über den See Genezareth in Palästina.

Weil die Kirche und mit ihr die Glaubenden durch die Zeiten hindurch ihren Weg in der Geschichte als einen Aufbruch zum anderen Ufer verstanden haben, deshalb hat der biblische Bericht des Matthäus große Bedeutung erlangt.

Der Predigttext aus dem Matthäusevangelium, Kapitel 14, Verse 22 bis 33 lautet:

Und alsbald trieb Jesus seine Jünger, in das Boot zu steigen und vor ihm hinüberzufahren, bis er das Volk gehen ließe. Und als er das Volk hatte gehen lassen, stieg er allein auf einen Berg, um zu beten. Und am Abend war er dort allein. Und das Boot war schon weit vom Land entfernt und kam in Not durch die Wellen; denn der Wind stand ihm entgegen. Aber in der vierten Nachtwache kam Jesus zu ihnen und ging auf dem See. Und als ihn die Jünger sahen auf dem See gehen, erschraken sie und riefen: Es ist ein Gespenst!, und schrien vor Furcht. Aber sogleich redete Jesus mit ihnen und sprach: Seid getrost, ich bin's; fürchtet euch nicht! Petrus aber antwortete ihm und sprach: Herr, bist du es, so befiehl mir, zu dir zu kommen auf dem Wasser. Und er sprach: Komm her! Und Petrus stieg aus dem Boot und ging auf dem Wasser und kam auf Jesus zu. Als er aber den starken Wind sah, erschrak er und begann zu sinken und schrie: Herr, hilf mir! Jesus aber streckte sogleich die Hand aus und ergriff ihn und sprach zu ihm: Du Kleingläubiger, warum hast du gezweifelt? Und sie traten in das Boot und der Wind legte sich. Die aber im Boot waren, fielen vor ihm nieder und sprachen: Du bist wahrhaftig Gottes Sohn!

Die gehörte Geschichte handelt vom Glauben und Unglauben.

Nach einem anstrengenden Tag will Jesus Abstand gewinnen und Kraft tanken. Er hat sich zum Gespräch mit seinem Vater zurückgezogen. Er sucht die Stille und das Alleinsein auf, um zu beten. Seine Jünger überqueren mit dem Boot den See Genezareth. Der Himmel bewölkt sich. Auf der Oberfläche des Sees schiebt der Wind die Wassermassen zu Bergen zusammen. Der Sturm wird heftiger. Das Boot droht zu kentern. Eine bedrohliche Situation auch für erfahrene Schiffer und Fischer. Fast in einem Nebensatz schildert uns der biblische Schreiber: *„und Jesus kam zu ihnen."*

Das ist eine elementare Glaubenserfahrung: Jesus lässt uns nicht im Stich, wenn es uns schlecht geht. Noch bevor wir an ihn denken, denkt er an uns. Noch bevor wir ihn um Hilfe anrufen, kommt er schon zu uns, um uns zur Seite zu stehen.

Als die Jünger sehen, wie er über das Wasser läuft, sind sie zu Tode erschrocken. „Ein Gespenst", denken sie und schreien in panischer Angst. – „Habt keine Angst", beruhigt Jesus sie. *„Ich bin es. Fürchtet euch nicht!"*

Wenn wir Gott begegnen, wenn wir seine Klopfzeichen vernehmen, dann ist das beunruhigend. Da kann man schon mal erschrecken. Schließlich ist es Gott, der uns begegnet und nicht irgendjemand. Aber Jesus möchte uns von dem Erschrecken zum Vertrauen führen. „Ich bin es. Fürchtet euch nicht!" Vielleicht führte das bei den Jüngern zuerst einmal zu einem erleichternden Aufatmen. Und dann zu dem Staunen: „„... dass er das kann?"

Viele Menschen bleiben da stehen, – bei der Bewunderung und beim Staunen. Aber Petrus geht einen Schritt weiter. Beispielhaft für uns unternimmt er einen weiteren Schritt. Über das Staunen und die Bewunderung hinaus geht er ein konkretes Wagnis ein.

Glaube hat es immer mit Wagnis zu tun. Wir wagen etwas im Vertrauen auf Jesus, ohne Netz und doppelten Boden, ohne jede Sicherheit. Wir lassen uns auf etwas ein, von dem wir hoffen, dass es einen guten Ausgang für uns nimmt. Nehmen wir das Gebet. Wer betet hat keine nachweisbare Garantie, dass der Gesprächsteilnehmer am anderen Ende auch da ist.

Wenn jemand anderen weitererzählt von dem, was er von Jesus begriffen hat oder was ihn im Glauben ergriffen hat, dann riskiert er es, verhöhnt zu werden. Vielleicht wird er nur ignoriert oder ausgelacht, vielleicht erntet er auch Nachteile.

Wenn Jesus uns einlädt, großzügig zu sein mit unserem Besitz und unserer Zeit, dann gehen wir ein Risiko ein, wenn wir uns darauf einlassen. Werde ich ausgenutzt? Fehlt mir am Ende selbst etwas? Das ist manchmal am Anfang solch eines Vertrauens nicht auszumachen. Aber das Wagnis gehört zum Glauben.

Ob auf Jesus Verlass ist, das erfahre ich erst, wenn ich ihm mein Vertrauen schenke. „Wer nicht wagt, der nicht gewinnt", sagt der Volksmund. Wir werden im Glauben nicht wachsen und keine Gewissheit im Glauben erlangen, wenn wir ihn nicht wagen.

Wie sieht das Wagnis aus, das Petrus eingeht? Er sagt zu Jesus: *„Herr, wenn du es bist, so befiehl, dass ich auf dem Wasser zu dir komme."* Und Jesus sagt: *„Komm her!"* Petrus steigt aus dem schützenden Boot und geht über das Wasser auf Jesus zu.

In der Bibel ist das tobende Meer mit Wind und Wellen oft ein Bild für das, was Menschen bedroht. Ich kenne sie persönlich zu wenig. Deshalb weiß ich auch nicht, ob sie derzeit in einer für sie bedrohlichen Lage sind oder ob sie vor Kurzem oder Längerem solche Lebenssituationen durchlaufen mussten. Aber ich denke, dass wir alle solche Situationen kennen.

Da gibt es Konflikte mit den Menschen in unserem Umfeld, die manchmal aus dem Ruder zu laufen scheinen: in der Ehe, in der Familie oder mit Kollegen. Oder wie aus heiterem Himmel überfällt uns eine Krankheit, uns selbst oder einen Familienangehörigen. Und schlagartig verändert sich das ganze Leben. Eben noch glaubten wir beruflich die oberste Sprosse erklommen zu haben, da beantragt die Firma Insolvenz, wird übernommen oder verlagert ihren Sitz an einen anderen Ort. Aber auch die Dinge, die aus unserem Inneren aufsteigen, können lebensbedrohlich anwachsen. Depressionen oder Zweifel im Glauben oder krankhafter Neid und Misstrauen verändern nicht nur uns selbst, sondern wirken sich auch lebenszerstörend auf die Menschen in unserer Nähe aus.

Petrus geht über das Wasser. Dieses Bild hat etwas Schwebendes, ein darüber Hinweggehen. Die Bedrohung ist da, aber ruhig und gelassen geht er damit um. Er geht darüber hinweg.

Auch das ist eine Glaubenserfahrung: Das Vertrauen zu Jesus kann mir helfen, inmitten einer schwierigen Situation ruhig und gelassen zu bleiben. Fröhlich und vertrauensvoll zu bleiben, weil ich ja weiß, dass der, der mein Leben in den Händen hält, größer ist als das, was mich bedroht und was sich gegen mich stellt. Manches, was einem Außenstehenden unvorstellbar erscheint, ist möglich, im Vertrauen auf Jesus. So kann man auch nach einem ganz schweren Verlust Trost finden.

Aber unsere Geschichte endet nicht damit, dass Petrus souverän über das tobende Meer hinweggeht. Wenn Petrus hier als Glaubensheld erscheinen würde, dann könnte man vielleicht bewundernd auf ihn blicken. Aber würde dann nicht gleichzeitig ein wenig Wehmut aufkommen: „Ja, der Petrus, der konnte das, aber ich? Ich schaffe das nie."

Ich finde es tröstlich, dass die Bibel keine Schönfärberei betreibt. Bei Wahlanalysen werden ja Niederlagen oft schöngeredet, sodass Verlierer am Ende noch als Sieger dastehen. Die Bibel ist dagegen schonungslos offen. Da werden keine Glaubenshelden hochstilisiert. Die Bibel berichtet von Menschen wie du und ich, mit Stärken und Schwächen, mit Erfolgen und Niederlagen.

Zuerst klappt es ja ganz gut bei Petrus – mit seinem Ritt über die Wellen. Er schaut auf Jesus und alles klappt. Aber dann kehrt sich alles um. Ob er sich überschätzt hat? Vielleicht hat er sich auch nur durch etwas anderes ablenken lassen. Vielleicht war die Welle so groß, dass er Jesus nicht mehr gesehen hat. Das passiert uns doch auch, dass die Sorgen und die Bedrohung so groß werden, dass uns unser Herz in die Hose rutscht, wie der Volksmund sagt. Und schon ist es vorbei mit dem Obenaufsein. Petrus sinkt.

Wissen sie, was da verkehrt gelaufen ist? Mit einem Male hat die Blickrichtung nicht mehr gestimmt. Anstatt im Glauben an Jesus dran zu bleiben, hat der gute Mann sich nur noch auf die Gefahr konzentriert. Die Bedrohung ist ihm so übermächtig geworden, dass er gar nicht mehr an Jesus gedacht hat. Da lag der Fehler.
Und wie ist das bei uns? Worauf richten wir unsere Aufmerksamkeit? Konzentrieren wir uns auf die Bedrohung, die Not und unsere Probleme – oder schauen wir auf Jesus und hören auf sein Mut machendes Wort?
Das ist jetzt kein psychologischer Trick – von wegen immer positiv denken. Aber sie alle kennen das doch auch. Wenn wir uns nur noch mit unseren Problemen beschäftigen, dann werden sie so bedrängend, dass sie uns runterziehen. Nicht nur in ein Stimmungstief. Sie werden zu bestimmenden Faktoren in unserem Leben. „Pass auf, dass Du nicht vom Baum fällst", ruft die Oma, und das Kind fällt. Eine suggestive Kraft hat das, was nicht beabsichtigt war, eintreffen lassen.

Sie kennen alle die Balancespielchen, die wir als Kinder gespielt haben. Ob es das Fahren mit dem Rad über eine Planke war oder das Balancieren auf einem schmalen Balken. Was ist dabei so wichtig? Das nach oben oder nach vorn Schauen. Wenn wir nach unten schauen, dann werden wir verunsichert und das beeinträchtigt den Gleichgewichtssinn. So ist es auch mit dem Glauben: Nicht so sehr auf das schauen, was bedroht, sondern auf Jesus, der uns die Zusage gibt, dass er alle Zeit bei uns sein will. Nicht so sehr auf die entmutigenden Probleme sehen, sondern mehr auf ein Mut machendes Wort Jesu hören. Die Bibel ist voll von Ermutigungsworten. Dort werden sie Verheißungen Gottes genannt. Ich nenne nur einmal ein paar: *„Ich bin bei euch alle Tage ..."* – *„All eure Sorgen werfet auf ihn ..."* – *„Ich habe dich bei deinem Namen gerufen ..."*

Die Geschichte vom sinkenden Petrus will uns zeigen, dass wir im Blick auf Jesus nicht problemorientiert, sondern verheißungsorientiert leben sollen. Nicht nach unten, sondern nach vorn blicken. Es wäre ein Fehler, wenn wir auf einer Mauer so herumhopsen würden, als ständen wir ganz normal auf festem Boden. Es geht nicht darum, träumerisch nur in den Himmel zu schauen, nein, wir stehen als Christen mit beiden Beinen auf dem Boden der Tatsachen und nehmen auch alle Einschränkungen wahr, aber wir lassen die Köpfe nicht hängen, denn wir nehmen gleichzeitig die Möglichkeiten des Himmels wahr. Wir rechnen mit den Möglichkeiten Gottes.

Verheißungsorientiert leben bedeutet, sich nicht wie das Kaninchen vor der Schlange von den Problemen fesseln zu lassen, sondern sich die Mut machenden Zusagen Gottes ins Gedächtnis zu rufen.

Aber zum Schluss noch einmal zurück zur Geschichte. Sie endet nicht damit, dass Petrus untergeht und verschwindet. Gottlob nein. Jesus reicht ihm die helfende Hand. Er zieht den, der sich von der Bedrohung einschüchtern ließ, heraus zu sich.

Das ist das Tröstliche für uns. Damit dürfen wir rechnen. Im Vertrauen auf Jesus dürfen wir das Leben wagen. Und da, wo wir im Glauben versagen, da dürfen wir uns daran erinnern, dass wir einen Helfer an der Seite haben, der zu uns steht – komme, was da wolle.

Ist es nicht gut, das zu wissen?

11. Sonntag nach Trinitatis, 07. 08. 2005

Lukas 14, 16-23 (21c-23)

Er aber sprach zu ihm: Es war ein Mensch, der machte ein großes Abendmahl und lud viele dazu ein. Und er sandte seinen Knecht aus zur Stunde des Abendmahls, den Geladenen zu sagen: Kommt, denn es ist alles bereit! Und sie fingen an alle nacheinander, sich zu entschuldigen. Der erste sprach zu ihm: Ich habe einen Acker gekauft und muss hinausgehen und ihn besehen; ich bitte dich, entschuldige mich. Und der zweite sprach: Ich habe fünf Gespanne Ochsen gekauft und ich gehe jetzt hin, sie zu besehen; ich bitte dich, entschuldige mich. Und der dritte sprach: Ich habe eine Frau genommen; darum kann ich nicht kommen. Und der Knecht kam zurück und sagte das seinem Herrn. Da wurde der Hausherr zornig und sprach zu seinem Knecht: Geh schnell hinaus auf die Straßen und Gassen der Stadt und führe die Armen, Verkrüppelten, Blinden und Lahmen herein. Und der Knecht sprach: Herr, es ist geschehen, was du befohlen hast; es ist aber noch Raum da. Und der Herr sprach zu dem Knecht: Geh hinaus auf die Landstraßen und an die Zäune und nötige sie hereinzukommen, dass mein Haus voll werde.

Abendmahlssonntag. Das könnte eine Möglichkeit sein, wieder einmal über die Bedeutung des Sakramentes nachzudenken. Denn unser Verständnis des Abendmahls sagt etwas aus über unser Verhältnis zu Gott.

Für manche Gemeindeglieder ist das Abendmahl so eine Art Wunderdroge. Wenn nichts mehr geht, dann soll der Einsatz des Allheilmittels wie etwa beim Einsatz der sogenannten Wunderwaffe im letzten Weltkrieg helfen und alles noch einmal umkehren. Da ist ein Leben verpfuscht. Die Karre ist total in den Dreck gefahren, aber der Gang zum Abendmahl soll es richten. Oder eine Ehe wird ohne Glaube und Liebe gelebt, und dann soll durch das Abendmahl die Vergebung herbeigezaubert werden. Als wenn der einmalige Akt solcher Handlung alle Verletzungen, die Menschen einander in vielen Jahren zugefügt haben, heilen könnte. Bei manchen ist der Glaube, dass der Genuss des Abendmahls Krankheiten heilen kann, tief eingeprägt.

Für viele gleicht der Abendmahlsempfang einer Schluckimpfung. Einmal bei der Konfirmation gereicht, soll sie für das ganze Leben wirksam sein. Andere gehen am Karfreitag und Buß- und Bettag zum Abendmahl oder wenn sie meinen, dass sie es besonders nötig haben. Da wird der liebe Gott behandelt nach dem Motto: „Ruf 112 – und die Feuerwehr eilt herbei.“

Hier wird die Beziehung zu Gott reduziert auf die Funktion eines Notnagels. Das Abendmahl bekommt dann den Charakter einer Medizin. Versehen mit einem Wunderglauben wird daraus eine allein seligmachende Wunderdroge.

Ich sagte eingangs: „Das Abendmahl sagt etwas aus über unsere Beziehung zu Gott.“ Nehmen wir als Beispiel die Ehe. Die Ehe ist eine öffentliche, vertragliche Bindung zweier Menschen. Aber es wäre doch schlimm, wenn sich die Ehe darin erschöpfen würde, Versorgungsstation für zwei Menschen zu sein. Heiratet ein Mann, weil ihm die Mutter die Wäsche nicht mehr wäscht? Heiratet eine Frau, weil sie meistens weniger verdienen wird als der Mann? Das wäre doch ein bisschen wenig. Wo bleibt denn dabei die Liebe? Die Versorgungsfrage lässt sich auch anders lösen als in der Ehe, und mit einer solchen Vorstellung von Ehe möchte ich das Verhältnis zwischen Gott und Mensch nicht belasten.

Bei der Beziehung zwischen Gott und Mensch geht es um eine Liebesheirat – und das Abendmahl ist Ausdruck dieser Liebesbeziehung. Wir dürfen bei unseren Überlegungen nicht von uns ausgehen. Auch die Kosten- und Nutzenrechnung, die wir so gern anwenden, muss außen vorbleiben.

Gehen wir von Gott aus, dann muss die Frage lauten: Was könnte sich Gott dabei gedacht haben, als er uns das Abendmahl schenkte?
Ich finde eine Antwort in einem Gleichnis der Bibel. Im Lukasevangelium wird uns von einer Einladung berichtet. Ich nenne sie einmal die große Einladung unseres Gottes. Der Zusammenhang ist mir dabei zunächst ebenso unwichtig wie die Ablehnung vieler und dass Geladene sich mit fadenscheinigen oder einsichtigen Gründen entschuldigen. Ich greife nur die Verse 21 bis 23 heraus. Da heißt es: *Und der Knecht kam zurück und sagte das seinem Herrn. Da wurde der Hausherr zornig und*

sprach zu seinem Knecht: Geh schnell hinaus auf die Straßen und Gassen der Stadt und führe die Armen, Verkrüppelten, Blinden und Lahmen herein. Und der Knecht sprach: Herr, es ist geschehen, was du befohlen hast; es ist aber noch Raum da. Und der Herr sprach zu dem Knecht: Geh hinaus auf die Landstraßen und an die Zäune und nötige sie hereinzukommen, dass mein Haus voll werde.

Hier kommen zwei Dinge zum Ausdruck, die für mich konstitutiv zum Abendmahl dazugehören, denn sie sagen etwas aus über unsere Gottesbeziehung. Zum Ersten: Gottes unbedingter Wille zur Gemeinschaft. Gott lädt ein. Er will dieses Freudenmahl unter allen Umständen mit den Menschen feiern. Und durch nichts lässt er sich davon abhalten. Auch wenn wir Menschen ihn noch so sehr verletzen oder demütigen, Gott lässt nicht ab von seinem Plan. Da muss der Verstand passen. Das ist gegen jede Vorstellung. Wir würden so nur schwer mit uns umgehen lassen. Unsere Reaktion würde wahrscheinlich am Ende in der Resignation landen. Wenn sie denn nicht wollen, dann sollen sie doch bleiben, wo der Pfeffer wächst. Aber Gott ist es nicht gleichgültig, ob die Plätze an seinem Tisch leer bleiben oder ob da jemand mit ihm tafelt. Gott will nicht allein thronen, sondern er will, dass wir mit am Tisch sitzen. Ich kann es nur als Ausdruck seiner Liebe verstehen. Und trotzdem bleibt es für mich unbegreiflich, es ist ein Geheimnis. In dem Gleichnis sehe ich sie vor mir: Von überall her kommen die Menschen zu der großen Tafel. Aus allen Himmelsrichtungen, von Norden und Süden, vom Osten und Westen. Aus aller Herren Länder eilen sie herbei. Menschen aller Hautfarben ohne irgendwelche Standesgrenzen. Über Sprachbarrieren und soziale Grenzen hinweg kommen sie, alt und jung, gesund und krank, arm und reich. Alle sind eingeladen, keiner ist ausgeschlossen.

Ein Maler hat das in einem Bild ausgedrückt, das ich im Konfirmandenunterricht sehr oft zur Anschauung benutzt habe. Da sind die Menschen, die zum Tisch kommen, nackt dargestellt. Es sind ausgemergelte Gestalten. Die Bedürftigkeit ist ihnen auf den Leib geschrieben. Man könnte sagen, die, die es nötig haben, sind dem Ruf gefolgt.
Und damit kommt ich zum Zweiten, was das Bild und Gleichnis in diesen Versen m. E. aussagt: So wie Gott die Gemeinschaft sucht, so brauchen wir ein sichtbares Zeichen dieser Liebe. Seht, und das ist das Abendmahl. Es ist wie in der Ehe. Liebe muss sichtbar werden. Liebe

muss spürbar sein. Worte sind zwar gut, aber sie sind nur etwas für den Kopf. Das Gefühl bleibt auf der Strecke. Glaube ist zwar nicht nur eine Sache des Gefühls, aber ohne geht es nicht. Liebe muss gegenständlich werden, muss über das Wort hinausgehen. Wahre Liebe hat eine sichtbare, fühlbare und hörbare Gestalt. Wahre Liebe kann man riechen, sehen und schmecken. *„Kommet her, sehet und schmecket, wie freundlich der Herr ist“*, so laden wir zum Abendmahlsempfang ein.

Merken sie, jetzt geht es nicht mehr in erster Linie um Gott. Jetzt geht es um uns. Wir brauchen eine Vergewisserung der Liebe Gottes. Durch den Empfang des Abendmahls wissen wir, dass Gott uns liebt. Und das wollen wir nun einmal durchbuchstabieren.

Ich gehe zum Tisch des Herrn. Ich nehme die Hostie zu mir. Ich trinke aus dem Kelch. Wer ist dieser Mensch? Wer verbirgt sich hinter dem Ich?
Und nun wird es spannend, denn nun erfahre ich etwas über die Bedeutung des Abendmahls für mich und über seine Wirkung auf mich und für mich. Ich, das kann meinen denjenigen, der mit seinem Leben gescheitert ist und der darüber verzweifelt ist. Ich, das meint denjenigen, der in einer Krisensituation seines Lebens nicht mehr aus noch ein weiß, dessen letzte Zuflucht das Abendmahl ist. Ich, damit kann gemeint sein der Mensch, der in einer Beziehung mit seinem berühmten Latein am Ende ist, der keinen Ausweg mehr weiß. Ich, das kann den kranken Menschen bedeuten, der keine Hoffnung mehr sieht.

Für jeden Menschen einer ganz anderen Lebenssituation gilt das Gleiche. Gott zeigt ihm „ich liebe Dich“. Ich lasse dich nicht allein. Ich stehe an deiner Seite, ich bin mit dir. Auch da, wo du es in deinen oder anderer Menschen Augen gar nicht wert bist, da lasse ich dich nicht fallen. Ich gehe den Weg mit dir in guten und schlechten Zeiten. Dessen darfst du gewiss sein. Die Botschaft Jesu Christi von der Liebe Gottes wird uns im Abendmahl nicht nur sichtbar, sondern sogar schmackhaft gemacht. Darin liegt die Freude des Abendmahls.

Ja, wenn das so ist, kann ich das Angebot dann ablehnen? Kann ich sagen: Ich bin es nicht wert? Kann ich sagen: Heute nicht, ich habe es noch nicht nötig?

Wäre es nicht schön, wenn wir täglich ein Geschenk erhalten würden, das uns die Liebe eines Freundes zeigt? Das gesprochene Wort, den Gruß auf der Karte, die Praline, den Blumenstrauß, eine zärtliche Berührung oder was es sein mag. Ehrlicherweise müssen wir doch zugeben, dass wir uns alle über solche kleinen Aufmerksamkeiten und Erweise von Liebe und Freundschaft freuen würden. Ja, ich vermute, dass wir uns alle im Grunde unseres Herzens danach sehnen.

Damit komme ich an den Anfang zurück. Wenn wir uns täglich nach Zeichen der Liebe sehnen, kann ich dann sagen: Abendmahl, na gut, einmal im Jahr reicht? Wie sagte ich zu Beginn: Der Abendmahlsempfang sagt etwas aus über unser Gottesverhältnis.

Lassen sie mich zum Abschluss noch etwas über die Wirkung des Abendmahls anfügen.

Abendmahl als Wunderdroge, dazu habe ich mich eingangs kritisch geäußert. Und trotzdem möchte ich nun behaupten, dass der Glaube durch den Abendmahlsempfang Wunder erleben wird. Zwei Beispiele aus meiner Erfahrung möchte ich hier anführen. Zum einen habe ich Sterbenden das Abendmahl daheim oder im Krankenhaus gereicht. In Afrika war es noch mehr Sitte als bei uns hier. Ich habe dabei bemerkt, dass Menschen mit Gott, mit sich und der Welt versöhnt in Frieden einschlafen konnten. Oft habe ich erfahren, dass diese Menschen nach langem Kampf dann loslassen konnten. Zum anderen habe ich Kranken das Abendmahl gereicht, die danach anders mit ihrer Krankheit umgehen konnten oder anders in der Krankheit lebten – und das sichtbar für alle Menschen um sie herum. Auch das ist ein Geheimnis des Abendmahls. Ich kann und will es jedenfalls nicht anders erklären.

Ich lehne das Abendmahl als Wunderdroge ab. Und trotzdem gibt es für mich das Wunder des Abendmahls. Und deshalb lade ich sie alle ganz herzlich dazu ein. Nehmen sie es nicht als Einladung des Pfarrers. Nehmen sie die Einladung als die liebevolle Zuwendung unseres Gottes.

Auf jeden kommt es an

Ökumenischer Gottesdienstes zum 32. BroitzemerVolksfest 27. 08. 2010

1. Korinther 12,15-20
1. Korinther 10,24

Ablauf
Einzug mit Orgelbegleitung
Kirchenchor „Komm, zu uns mit deinem Wort“
Begrüßung, Abkündigungen, Eingangsgebet
Männerchor „Der Hahn von Onkel Giacometo“
EG 168,1 „Du hast uns Herr gerufen …“
Anspiel Vorkonfirmandinnen
Kirchenchor „Singen macht Spaß“
EG 168,2 „Du legst uns deine Worte …“
Anspiel (Vorkonfirmanden)
Ansprache: 1. Korinther 10,24 „Jeder ist wichtig“
Lesung des Predigttextes: 1. Korinther 12,15-20
Kirchenchor „Das ist meine Freude“
EG 168,3 „Herr, sammle die Gedanken …“
Fürbitte (Vertreter der Vereine)
Vaterunser
Männerchor „Abendfrieden“
Segen
Orgelnachspiel

Anspiel „Auf jeden kommt es an“

ERZÄHLER
Der kleine Finger und der Daumen fingen einen Streit an.
Der Daumen sagte:

DAUMEN
„Kleine Finger sind nicht wichtig.“

KLEINER FINGER
„Das darfst du nicht sagen“,

ERZÄHLER
entgegnete der Finger

FINGER
„Ich bin auch etwas wert. Sieh mal, ich bin beweglicher und kann mich besser krümmen als du.“

ERZÄHLER
Der Streit ging eine Weile hin und her. Im Grunde waren alle Finger unzufrieden, dass sie nur Finger waren und blickten neidisch auf die Augen.

FINGER
„Wir müssen immer hart arbeiten, zupacken, zugreifen, festhalten. Die Augen da oben, die haben es gut. Die drehen sich nur ein bisschen, wandern nach links und rechts und haben Zeit, die Welt zu bestaunen.“

AUGEN
„Ja, wir Augen sind eben mehr wert. Wir sind kostbar. Zu dem, was wir machen, seid ihr Finger nicht zu gebrauchen. Wir sind froh, dass wir nicht so kleine krumme Finger sind wie ihr.“

ERZÄHLER
Da wurden die Finger zornig:

FINGER
„Hütet euch, ihr Augen, wir können euch wehtun und kratzen. Wartet, wir zeigen es euch.“

ERZÄHLER
Der Streit wurde immer heftiger. Die Füße und Zehen fingen auch an mitzustreiten, und der Mund tönte am lautesten:

MUND
„Ich bin am nützlichsten. Nur ich bin etwas wert.“

ERZÄHLER
Schließlich fing jeder an mit jedem zu kämpfen, sodass es wie ein richtiger Krieg war …!

ANSPIEL

Sitzung der Vertreter der Bronzeeimer Vereine unter dem Vorsitz von Bezirksbürgermeister Karl-Gustav Humperding

Teilnehmer:

Schützenverein: Otto-Karl Siehdochzu
Männergesangverein: Alwin Brummbass,
Siedlerbund: Klaus-Dieter Vergissmeinnicht,
Sportverein: Moravius Abseitsverdächtig,
Seniorenverein: Emil Hörtnichgut,
Feuerwehr: Valentin Spritzmichnass,
Deutsches Rotes Kreuz: Ulricius Aderlaß,
Gemeindeverwaltung: Anton Tipp-Ex.

Erzähler: Es tagen die Vertreter der Broitzemer Vereine unter Vorsitz von Bezirksbürgermeister Karl-Gustav Humperdink, der die Anwesenden begrüßt und vorstellt.

Humperdink: Zu unserer heutigen Sitzung begrüße ich ganz herzlich Herrn Otto-Karl Siehdochzu als Vertreter der Schützen, Herrn Alwin Brummbass in Vertretung des Männergesangvereins, Herrn Klaus-Dieter Vergissmeinnicht für den Siedlerbund und Herrn Moravius Abseitsverdächtig vom Sportverein.
Herr Emil Hörtnichgut vertritt den Seniorenverein, Herr Valentin Spritzmichnass die Feuerwehr und Herr Ulricius Aderlass das Deutsche Rote Kreuz. Herr Anton Tipp-Ex als Vertreter der Gemeindeverwaltung ist mit der Protokollführung betraut.
Ich freue mich, dass alle Ortsverbände anwesend und wir damit beschlussfähig sind.
Einziger Tagesordnungspunkt heute: Vergabe von Fördermitteln. Von der Stadt haben wir 500 Euro erhalten.
Ich bitte um kurze Vorstellung der Vereine. Große Summen stehen nicht zur Verteilung an. Über Unterstützung dürfte sich jeder freuen, aber ich bitte Sie, begründen Sie bitte mit ein oder zwei Sätzen, weshalb der Bezirksrat Ihren Verein berücksichtigen soll.
Als erstes wollen wir Kamerad Siehdochzu zu Wort kommen lassen.

Siehdochzu: Herr Vorsitzender, liebe Vertreter der Broitzemer Vereine, wir vom Schützenverein bieten unseren Mitbürgern ein hervorragendes

Angebot in puncto Freizeitgestaltung. Durch ausgezeichnete Leistungen werden die Fahrten zu den Vergleichswettkämpfen immer weiter. Ein Fahrtenzuschuss würde unsere Maßnahmen unterstützen.

Humperdink: Vielen Dank. Als Nächsten bitte ich Herrn Brummbass vom MGV zu Wort.

Brummbass: Herr Vorsitzender, liebe Kameraden. Jahr für Jahr erfreuen wir unzählige Menschen durch unseren erfrischenden Gesang. Gern würden wir auch Jüngere ansprechen. Dafür brauchen wir neue Noten, deshalb appelliere ich an Sie, helfen Sie uns.

Humperdink: Vielen Dank. Als Nächsten hören wir Herrn Vergissmeinnicht für die Siedler.

Vergissmeinnicht: Seit Jahren schon verschönern wir das Ortsbild von Broitzem durch das, was wir in die Gestaltung unserer Häuser und Gärten hineinstecken. Helft uns, damit Broitzem noch schöner wird.

Humperdink: Vielen Dank. Herr Abseitsverdächtig vertritt den SV Broitzem.

Abseitsverdächtig: Liebe Sportkameraden. Wer hat Broitzem über die Landesgrenzen hinaus bekannt gemacht? Unsere Altherrenmannschaft. Damit wir das auch mit der 1. Herrenmannschaft schaffen, brauchen wir ihre Unterstützung. Glauben Sie nicht, einen Michael Ballack hätte Bayer Leverkusen umsonst bekommen. Und Magath vom FC Schalke 04 ist auch nicht für einen Apfel und ein Ei zu haben.

Humperdink: Vielen Dank. Für die Senioren ergreift nun Herr Hörtnichgut das Wort.

Hörtnichgut: Wir sind der einzige Verein, der Mitgliederzuwächse verzeichnet. Mit Ihrem Zuschuss investieren Sie in die Zukunft. Bedenken Sie das bitte.

Humperdink: Vielen Dank. Nächster Redner Herr Spritzmichnass für die Feuerwehr.

Spritzmichnass: Der Feuerteufel von Sylt hat es deutlich gemacht. Was wären wir ohne Feuerwehr? Gute Ausbildung des Personals und bestes Material sind bei der Brandbekämpfung unerlässlich. Deshalb bitte ich um Ihre Unterstützung.

Humperdink: Vielen Dank. Letzter Redner ist Herr Aderlass für das DRK.

Aderlass: Leben retten, das ist unser Motto. Allein durch unseren Blutspendedienst sind wir immer wieder beteiligt an der Rettung vieler Menschen. Weitere Worte erübrigen sich.

Humperdink: Herr Tipp-Ex hat alles protokolliert. Er wird dem Gemeinderat berichten. Wir werden dann beschließen. Der Beschluss geht Ihnen schriftlich zu.
Meine Herren, ich danke Ihnen. Die Sitzung ist geschlossen. Freibier für alle.

Ansprache in der Versöhnungskirche zu Broitzem

Jeder ist wichtig

1. Korinther 10,24
Niemand suche das Seine, sondern das, was dem anderen dient.

Jeder ist wichtig – das soll das Thema dieses Gottesdienstes sein. In der Predigt möchte ich aufzeigen, dass es auf jeden ankommt.

Die kurzen Anspiele vom Körper mit seinen Gliedern und die Sitzung der Gemeinschaft Broitzemer Vereine sollten das schon verdeutlichen.

Aber wie sieht das denn in unserer Gesellschaft aus? Beispiel Tarifpolitik.

Die Vertreter der Arbeitnehmer und die Vertreter der Arbeitgeber handeln die Tarife der Beschäftigten aus. Wer vertritt aber bei solchen Verhandlungen die nicht arbeitende Bevölkerung? Wer erhebt seine Stimme für die Rentner und Kinder, für die Sozialhilfeempfänger, für das Heer der Arbeitslosen? Müsste es nicht Aufgabe der Regierung sein, bei Lohnverhandlungen auch die Interessen dieser Bundesbürger zu vertreten? Aber jedes Mal, wenn die Regierung ihre Vertreter entsenden will, dann erhebt sich ein großes Geschrei. Gewerkschaften und Arbeitgeberverbände pochen auf ihre gesetzlich verankerte Autonomie bei den Tarifgesprächen. Wenn der Rest der Gesellschaft beteiligt wäre, dann würden die Gewinne beider Gruppierungen nur geschmälert und der Einigungsprozess verzögert. So gehen Tarifabschlüsse meist zulasten der benachteiligten gesellschaftlichen Gruppen.

Der Streit der Glieder eines Leibes lässt sich nicht nur auf eine nationale Gesellschaft übertragen, sondern auch auf die internationale Gemeinschaft. Dabei können wir an die Vorbehalte Englands in puncto Europäischer Gemeinschaft und Währungsunion denken. Natürlich sehen sie ihre Vorteile im Staatenverbund des Commonwealth. Ob NATO oder EU: Alle Nationalstaaten versuchen vorrangig, ihre eigenen Interessen durchzusetzen.

Was wir in der Finanz- und Wirtschaftskrise erlebt haben, ist Ausdruck der Uneinigkeit in der weltweiten Gemeinschaft. Kapitaleigner – also Einzelne oder Organisationen – suchen die Anlagen, die die höchsten Renditen versprechen.

Das, was jeder Bürger tut, der über Barvermögen verfügt, wird von den Geldhaien global genutzt. Da werden kurzfristig Milliarden an Währungen aufgekauft und gehortet, um künstlich eine Verknappung auf dem Markt zu erzeugen, der zu einer verteuerten Nachfrage führt. Mit solchen Kursspekulationen machen diese Kapitalisten immense Gewinne und lassen dabei Währungssysteme wie den Euro ins Wanken geraten.

Was mit Finanzen möglich ist, gilt auch für Investitionsgüter wie Maschinen und Anlagen. Aber auch für Immobilien und Rohstoffe. Noch prekärer wird die Situation, wenn diese Geldhaie sich auf Energie und Lebensmittel stürzen.

So haben Investoren – also Menschen und Vereinigungen von Menschen, die über großes Bargeldvorkommen verfügen – jetzt Tonnen von Kakaobohnen aufgekauft, um sie mit 30% Gewinn oder mehr der verarbeitenden Industrie zur Verfügung zu stellen. In kurzer Zeit ist der Kakaopreis inzwischen um 100% gestiegen. Natürlich werden Schokoladenprodukte dadurch wesentlich teurer. Aber da es sich dabei um Luxusprodukte handelt, die man nicht notwendigerweise zum Leben braucht, werden die Konsumenten das verkraften können. Anders verhält es sich da schon bei den Grundnahrungsmitteln.

Stellen sie sich das nur einmal für den Weizen vor. Die ungeheuere Flutkatastrophe in Pakistan dürfte das Land für längere Zeit abhängig machen von ausländischen Lieferungen, die Staaten oder Hilfsorganisationen wohlwollend zu günstigen Konditionen zur Verfügung stellen. Aber meinen sie nicht, dass die Anlagenfondsmanager und die Verwalter von Milliardenvermögen hier eine Marktnische sehen, um aktiv zu werden?

Ein weiteres Beispiel für Solidarität bildet der Generationenvertrag der Rente.
Früher hatte der Staat Goldreserven. Aus den Einzahlungen der Bürger wurden Rückzahlungen geleistet und aus den Einnahmen des Staates Rücklagen gebildet. An diese Stelle ist nun der Generationenvertrag getreten. Die arbeitende Bevölkerung muss die Nichtarbeitenden unterstützen. Mit der Überalterung der Bevölkerungspyramide wächst die Belastung für die Arbeitenden. Dieses Problem geht uns alle an. Bei allen Verhandlungen müssen zukünftige Generationen in den Überlegungen mit einbezogen sein.

Wenn einige sagen: „Es reicht, wenn wir die gegenwärtigen Probleme in den Griff bekommen“, – dann wird das der Sachlage nicht gerecht. Was wir heute entscheiden, hat Auswirkungen auf Kinder und Kindeskinder – wie es schon in der Bibel heißt. Ob es um die Rente geht oder um unser Klima – wenn wir heute falsch leben, dann werden unsere Kinder und Kindeskinder das zukünftig und vielleicht schon in naher Zukunft ausbaden müssen.

Der Wettstreit der Glieder ist nicht auf den Körper beschränkt, sondern ergreift weltweit jede Körperschaft. Ob Weltbevölkerung, Nationalstaat, Bevölkerungsgruppe, Verein oder Familienverband – jeder denkt zuerst an sich. Das ist menschlich.

Aber für uns im christlichen Kulturkreis muss der Blick immer über den Tellerrand gehen. Nur wenn wir den anderen auch mit im Blick haben, wird unser Handeln Ausdruck unseres christlichen Glaubens sein.
Es ist Aufgabe der christlichen Gemeinschaft, sich für die Schwachen einzusetzen – im Kleinen wie im Großen. Und es ist auch unsere Aufgabe, dieses bei der Politik anzumahnen. Für die Benachteiligten in unserer Gesellschaft und weltweit.

Aber damit wir uns an der Aufgabe nicht übernehmen, schlage ich vor, dass wir klein anfangen: In der Ehe oder Partnerschaft, im Familienkreis und in der Nachbarschaft, in der Schulklasse wie am Arbeitsplatz, in der Kirchengemeinde wie im Verein.

Der Apostel Paulus hat uns im 1. Korintherbrief eine so wie ich meine gute Regel gegeben. Da heißt es im zehnten Kapitel im 24. Vers: *„Niemand suche das Seine, sondern das, was dem anderen dient."*
Ich finde, es reicht schon, wenn der unbekannte Dritte bei allen unseren Überlegungen und Entscheidungen mit am Tisch sitzt.
Ich könnte mir vorstellen, dass die Sitzung der Broitzemer Vereine in dem Anspiel dann vielleicht auch ein überraschendes Ergebnis zeigen würde.

Fürbittgebet

Pfarrer

Wir besinnen uns auf unsere Verantwortung für die Menschen, die um uns sind.

Wir bedenken, was sie brauchen und erhoffen.

Wir schauen uns nach Möglichkeiten um, um ihnen zu helfen.

Wir bitten Gott um offene Augen, klare Gedanken und die Fähigkeit zur Hingabe und um Ausdauer in der Liebe.

Vertreter/ in der Senioren

Wir denken an unsere Kinder und Jugendlichen.

Die Kinder werden hineingeboren in eine bedrohte Welt. Sie müssen so auf das Leben vorbereitet werden, dass sie bestehen können.

Hilf den Eltern, dass sie ihre Verantwortung wahrnehmen und nicht auf Staat, Schule oder Kirche abschieben.

Bewahr die Eltern vor Überforderung und die Kinder vor Missbrauch. Für die Jugendlichen bitten wir dich um Vorbilder in der Gesellschaft, die ihnen so Werte vermitteln können.

Lass die Jugendlichen Ausbildungsplätze finden, damit sie nicht Trost suchen in Alkohol oder Drogen.

Besonders für Migranten bitten wir dich, dass sie ihren Platz in unserer Gesellschaft finden. Dass sie etwas zum Wohl des Ganzen beitragen, anstatt zu einer Belastung zu werden.

Vertreter/ in des Siedlerbundes

Wir denken an die alten Menschen, die oft abgeschoben werden: Aus dem Berufsprozess in den Ruhestand, aus dem Haus oder der Wohnung in ein Heim, im Heim auf die spezielle Station.
Schenk uns allen ein Umdenken. Lass die Verantwortlichen zumutbare Arbeit bereitstellen für ältere Menschen, und lass diese zustimmen, diese Tätigkeiten auch anzunehmen.

Aber vor allem schenk in unserer Gesellschaft Einsicht in eine altersgemäße Arbeit und die Wertschätzung dafür.

Vertreter/ in der Freiwilligen Ortsfeuerwehr

Wir denken an die Kranken unter uns, die chronisch Kranken und die Schwerkranken, an die Menschen mit körperlichen und seelischen Gebrechen.

Hilf, dass wir nicht achtlos an ihnen vorübergehen oder sie ausgrenzen. Es kann doch nicht sein, dass Menschen ins Krankenhaus eingeliefert werde, um dort erst krank zu werden, nur weil uns das Geld für die Hygiene fehlt.

Bewahr die Ärzte und das Pflegepersonal vor Überforderung und schenk den Menschen in den dienenden Berufen die Liebe zu ihren Patienten.

Vertreter des Männergesangvereins

Wir denken an die Unterprivilegierten, an die Menschen unter uns, die mit kleinen Einkommen wie Renten oder staatlichen Hilfen und Mindestlöhnen auskommen müssen.

Schenk uns allen, die wir im Wohlstand leben, das Bewusstsein, dass Gabe zugleich Aufgabe ist.

Lass uns einen Blick für die Not unserer Mitbürger gewinnen.
Beweg Herzen und Hände, damit wir helfen, wo Hilfe nötig ist und wo wir auch helfen können.

O Herr, mach ein Ende mit der Lohnspirale nach unten.

Verändere unser Verlangen nach immer billigeren Einkäufen, damit Arbeiter ihren Lebensunterhalt aus eigener Arbeit und ohne staatliche Zuschüsse schaffen.

Vertreter/ in des Deutschen Roten Kreuzes

Wir denken an die Menschen in unserem Gemeinwesen, die Verantwortung tragen, an Menschen mit Macht und Einfluss, ob in Politik, Gewerkschaften, Parteien und Verbänden, ob in Kirchen, Schulen und Unternehmen.

Schenk den Führungsleuten in den Chefetagen das Bewusstsein, dass sie ihre Kräfte zum Wohl der ihnen anvertrauten Menschen und darüber hinaus auch für die gesamte Gesellschaft einsetzen.
Bewahr die leitenden Angestellten davor, ihre Stellung zum eigenen Vorteil zu missbrauchen.

Aber vor allen Dingen zügle die Maßlosigkeit, die sich bei Kapitaleignern, großen Wirtschaftsunternehmen und Banken breitmacht.

Vertreter/ in des Schützenvereins

Wir denken an die wachsende Weltbevölkerung und die zunehmende Ausbeutung der Ressourcen. Nahrungsmittel, Rohstoffe und Energie werden knapp. Wird das Trinkwasser folgen?

Die vielen Hochwasser der vergangenen Jahre haben uns spüren lassen, wie sich Fehler beim Eingriff in die Natur auswirken.
Herr, wir bitten dich um Weitsicht bei Planung und Durchführung größerer Aufgaben.

Wir haben doch im Golf von Mexiko gesehen wohin es führt, wenn Tiefseebohrungen aus Kostengründen verantwortungslos durchgeführt werden.

Bitte hilf uns, dass wir das tun, was noch möglich ist, um Schaden für uns heute und für die Zeit nach uns abzuwenden.

Bezirksbürgermeister

Wir denken an die vielen Unruheherde weltweit: An Somalia, Sudan, Irak, Afghanistan und den Nahen Osten.

Oft tragen unsoziale Strukturen und Besitzverhältnisse oder eine ungerechte Verteilung von Reichtümern Schuld an Streit und Krieg. Oft sind es Diskriminierung und Ausbeutung von außen.

Herr, bewahr uns vor skrupellosen Geldhaien, die durch eine künstliche Verknappung kriegstreiberisch in die Abläufe eingreifen.

Manche Staaten sehen als einzigen Halt die Flucht in die Religion und wollen ihr Heil mit Waffengewalt erzwingen und durchsetzen.
Hilf uns Herr, dass der Krieg nicht das Ventil wird für die Unzufriedenheit vieler – weder im Kleinen noch im Großen.

Pfarrer

Für dieses Volksfest und unseren Stadtteil bitten wir:

Schenk uns Muße zum Feiern. Lass uns miteinander ins Gespräch kommen auch über unterschiedliche Meinungen.

Lass den 135 Jahren der freiwilligen Feuerwehr Broitzem noch viele Jahre ihres segensreichen Dienstes für unser Gemeinwohl folgen.

Und alles, was uns sonst noch bewegt, wir bringen es vor dich mit den uns wohl vertrauten Worten: Vaterunser ...

17. Sonntag nachTrinitatis, 26. 09. 2010.

Psalm 23

Der Herr ist mein Hirte, mir wird nichts mangeln.
Er weidet mich auf einer grünen Aue und führet mich zum frischen Wasser. Er erquicket meine Seele. Er führet mich auf rechter Straße um seines Namens willen. Und ob ich schon wanderte im finstern Tal, fürchte ich kein Unglück; denn du bist bei mir, dein Stecken und Stab trösten mich. Du bereitest vor mir einen Tisch im Angesicht meiner Feinde. Du salbest mein Haupt mit Öl und schenkest mir voll ein. Gutes und Barmherzigkeit werden mir folgen mein Leben lang, und ich werde bleiben im Hause des Herrn immerdar.

Der Psalm 23 gehört zu den Vertrauenspsalmen und ist in seinen Bildern und in seiner Sprachgestalt so prägnant, dass er vielen Menschen bis in den Wortlaut bekannt ist, auch wenn sie die sechs Verse nie auswendig gelernt haben.

Viele aber haben die Worte und Bilder als eine Art eiserne Ration auf den Lebensweg mitbekommen, sei es als Firmling, als Konfirmand oder als Schüler.
Der Psalm 23 gehört zum Traditionsschatz der Kirche, der Gemeinden und ihrer Glieder.

Durch Wort und Bild, aber auch durch die Musik hat sich uns das Bild von dem guten Hirten tief eingeprägt. Bei manchen bewusst und bei vielen unbewusst. In Gemeinschaftsliederbüchern finden wir Texte und Melodien über diesen guten Hirten ebenso wie in unserem evangelischen Gesangbuch.

Durch die Romantik haben Bilder aus diesem Psalm für einige von uns einen eigenartigen Beigeschmack. Da wird z.B. ein idyllischer Bachlauf gezeigt oder der Schäfer mit dem Schäfchen auf der Schulter. Für unser heutiges Empfinden wirken Bilder von einem blauäugigen, blonden Jüngling mit wallendem Haar eher kitschig. Sie wollen nicht so recht in die bergige und karge Landschaft Palästinas passen. Es sind idealisierte Bilder, die wenig oder gar nicht mit der Wirklichkeit übereinstimmen. Und der Jesus, so wie er uns in der Bibel gezeigt wird, hat nichts gemein mit diesem guten Hirten der Romantik. Weder im Aussehen noch in der Art, wie er seine Herde führt.

Aber auch der Beruf eines Schäfers, den wir in der Lüneburger Heide oder anderswo antreffen können, unterscheidet sich wesentlich von der Tätigkeit eines Hirten in Palästina zurzeit Jesu. Erst recht zu der Zeit, da dieser Psalm gedichtet wurde. Damals war die Tätigkeit eines Hirten eine sehr gefährliche. Hier bei uns nehmen die Hütehunde den Schäfern viel Arbeit ab. Sie halten die Herde zusammen, sodass der Schäfer oder die Schäferin gemächlich hinterher gehen kann. Allein wenn sie mit ihren Tieren Straßen oder Bahnschienen überqueren müssen, wird es gefährlich. In der zerklüfteten Berglandschaft Palästinas dagegen stieg der Hirte seiner Herde auf einem schmalen und geschlungenen Pfad voran. Einzeln mussten ihm die Tiere folgen. Er machte ihnen den Weg frei und beschützte sie mit seinem Krummstab aus Hartholz vor gefährlichen Raubtieren. Dass sich manchmal Tiere verstiegen oder zurückblieben, ließ sich nicht vermeiden. Das zeigt uns das Gleichnis vom verlorenen Schaf im Neuen Testament

Aber lassen sie uns nicht dem folgen, was Menschen in den verschiedenen Epochen aus diesen Bildern und Versen gemacht haben. Lassen sie uns vielmehr auf den biblischen Text und seine Botschaft achten.

In dem Psalm scheint ein allgemeines Vertrauen – bewusst oder unbewusst – in eine Schöpfermacht, die über uns wacht, ausgedrückt.

Wir erkennen das daran, dass der Psalm in der dritten Person beginnt: Der Herr ist mein Hirte, er weidet mich, er führet mich, er erquicket mich, er führte mich auf rechter Straße.
Das glaubt man, das kennt man aus der Tradition. Aber solch ein Glaube ist etwas anderes, als wenn dahinter eine persönliche Erfahrung steckt. Erst durch die persönliche Erfahrung wird ein ferner Gott zu einem nahen Gott.
Und das drückt die zweite Hälfte des 23. Psalms aus. Da wird aus der 3. Person, die 2. Person. Du bist bei mir, dein Stecken und Stab, du bereitest

einen Tisch, du salbest mein Haupt, du schenkst mir voll ein. Aus dem unpersönlichen „er" wird das vertraute „du".

Wie ist es zu diesem Umschwung im Glauben gekommen?
Offensichtlich wird das im vierten Vers angesprochen, denn da ist von dem Wandern im finsteren Tal und vom Unglück die Rede. Das Leben des Beters ist bedroht, auch wenn wir nicht wissen, um welche Bedrohung es sich handelt.

Die Tradition schreibt diesen Psalm ja David zu. In seinem Leben hat es immer wieder Bedrohungen gegeben und Feinde in großer Anzahl.
Wir können dabei denken an sein Verhältnis zu König Saul. Der sah schon früh in ihm den Konkurrenten und war eifersüchtig auf ihn, weil David der von Gott Auserwählte war. Kein Wunder, wenn ihm Saul nach dem Leben trachtete.

Oder nehmen wir die verschiedenen Feldzüge gegen Philister und andere Völker, die in befestigten Städten an der Mittelmeerküste lebten. Wie oft musste David ins Feld ziehen, um sich der Feinde zu erwehren?
Aber bei dem tiefen Tal kann es sich auch um Verfehlungen handeln. Denken wir an die Geschichte mit Bathseba und Uria.

In einer schriftstellerisch meisterlichen Art und Weise wird da über Mord und Ehebruch gesprochen. David hat wie jeder orientalische Herrscher seinen Harem. Aber offensichtlich reicht ihm das nicht. Er begehrt die Frau des Uria. Sie kann sich dem Willen des Königs nicht entziehen. Ob Vergewaltigung oder Unzucht mit Abhängigen, David dringt in die fremde Ehe ein. Und das bleibt nicht folgenlos. Um die Geschichte zu vertuschen, wendet er verschiedene Tricks an, auf die der ehrbare Uria aber nicht eingeht. So bleibt nur eine Lösung. David muss seinen Feldherrn beseitigen. Das geschieht dann in der Schlacht.
Lesen sie die Geschichte im Samuelbuch einmal nach. Sie zeigt die menschlichen Abgründe bis in die tiefsten Tiefen. Und was dabei wichtig ist, auch ein Mann Gottes ist davon nicht ausgenommen.

Vielleicht steckt in dem finsteren Tal aber auch die Geschichte mit seinem Sohn Absalom, der ihm den Thron streitig machen will und der auf der Flucht sein Leben verliert. Wie in einem Hollywood-Streifen muss der Stein des Anstoßes aus dem Weg geräumt werden.

Wenn der Psalm von David gedichtet worden ist, dann gibt es viele Möglichkeiten der Deutung für das finstere Tal. Aber wir wollen hier weder über die Urheberschaft noch über die Umstände spekulieren.
Unstrittig ist nur, dass der Beter des Psalms sich in einer Notlage befunden hat. Er erinnert sich an die gelernte Glaubensformel *„der Herr ist mein Hirte, mir wird nichts mangeln“*. Und nun – in seiner Not – greift er darauf zurück. Er nimmt das wörtlich, was er gehört oder gelernt hat. Er vertraut wirklich. Er erwartet von diesem Herrn Hilfe. Ihm traut er zu, dass er sich auch für ihn in seiner besonderen Situation als der gute Hirte erweisen wird. Das ist Glaube. Das ist persönlicher Glaube. Erst nachdem er es wagt, erfährt er persönlich die Wahrheit dieses allgemeinen Satzes. Jetzt wird dieser Herr sein persönlicher Herr.

Die Anrede ändert sich. Aus dem „er“ wird das „du“. Es entsteht ein persönliches Verhältnis. Der Herr der Welt wird für den Beter sein Herr, dem er sich in allen Lebenslagen anvertrauen kann.
Und so wird aus dem rituellen Gebet intime Zwiesprache zwischen Gott und Mensch. Eine tragfähige Beziehung des Glaubens entsteht. Ich und du – und niemand dazwischen, Umgang ohne Distanz.

Ist die kritische Frage erlaubt: An welcher Stelle stehen wir im Glauben? Ist unsere Beziehung zu Gott gekennzeichnet durch den ritualisierten Umgang mit Gott im Gottesdienst oder hat Gott auch in unserem Alltag Einzug gehalten? Reden wir ihn respektvoll als den fernen Schöpfergott noch immer in der dritten Person an oder wenden wir uns mit einem Du vertrauensvoll an den Vater Jesu Christi?

Wenn wir durch Jesus Christus in Gott den liebenden und uns allseits wohlwollend zugewandten himmlischen Vater sehen, dann folgt als nächste Frage: Wie pflegen wir den Umgang, der dieser persönlichen Beziehung angemessen ist? Kann man dem anderen in einer freundschaftlichen Beziehung Dinge als Geheimnis vorenthalten? Und ist solch eine intime Beziehung nur auf eine Notsituation beschränkt?

Ich möchte versuchen, die Situation Verliebter auf unser Gottesverhältnis zu übertragen.
Wenn zwei Menschen miteinander intim geworden sind, dann werden dadurch Grenzen eingerissen. Die zwei haben das Bedürfnis, alles miteinander zu teilen. Sie möchten den anderen teilhaben lassen an allem,

was sie bewegt. All das Schöne aber auch all das Notvolle. Erfolg ebenso wie Scheitern.
Liebende in einer intakten Beziehung kehren ihr Innerstes nach außen. Nichts wird mehr verheimlicht. Alles wird vor dem anderen zur Sprache gebracht.

Aber damit wir uns nicht missverstehen, das ist keine Frage der Mentalität, keine Frage der Veranlagung oder Erziehung. So wie wir etwa sagen könnten, Gospel Music ist textlich aus der Situation der Sklaven in Nordamerika zu verstehen und entspricht dem Rhythmusgefühl schwarzer Menschen. Über solche Meinung ließe sich sicherlich auch noch mehr sagen und darüber diskutieren, aber mit dem Glauben verhält es sich anders. Glaube ist keine Sache der Veranlagung oder der Erziehung, sondern eine Sache der Beziehung.

Wir können uns nicht damit herausreden, dass wir als Norddeutsche eben eine andere Frömmigkeit pflegen. Wenn uns das „DU" gegenüber Fremden nicht so leicht über die Lippen geht, dann zeigt die Distanz im Glauben, dass wir in Gott noch den Fremden, den Fernen und Unnahbaren sehen und nicht unseren himmlischen Vater. Eine vertrauensvolle Beziehung besteht darin, dass wir uns öffnen, dass wir alles vor Gott ins Gespräch bringen. Wir sprechen mit ihm über unseren Beruf und über unsere Freizeit. Wir sind ihm dankbar für alles Wohlergehen, aber wir bringen auch unsere Wehwehchen ins Gespräch. Wir reden mit ihm über unseren Ärger, den wir mit unserem Nächsten haben, aber auch die eigene Ungeduld und unser Versagen bringen wir ins Gespräch.

Und wissen sie was das Größte ist? Wenn wir mit unserem Ehepartner, mit den Kindern, mit Angehörigen und Freunden so vor Gott verbunden sind, dass wir füreinander vor Gott einstehen. Wenn wir gemeinsam mit Gott reden, und wenn wir uns austauschen über unsere Erfahrungen im Glauben.

Ich wünsche uns allen, dass wir in solchem Glauben miteinander wachsen und verbunden sind.

17. Sonntag nach Trinitatis, 30. 09. 2007

Erntedankgottesdienst des BdV

Hebräer 13,16

Gutes zu tun und mit anderen zu teilen, vergesst nicht, denn solche Opfer gefallen Gott.

Während meines Dienstes als Missionar in Südafrika besuchten wir die Zulu-Region. Dieses Gebiet liegt in der Republik Natal. Wegen seiner vielen Erhebungen wird ein bestimmter Teil dort auch das „Tal der tausend Hügel“ genannt.

Stellen sie sich vor, sie leben auf einem dieser Hügel mit einem weiten Blick über das Land. Und dann stellen sie sich bitte einmal vor, dass auf den umliegenden Hügeln Fichten angepflanzt werden. Da wird mit einem Schlage aus der Weite Enge. Wo vormals Wege im strahlenden Sonnenlicht lagen, geht man nun im Halbschatten oder es wird sogar ganz finster. Bei diesem Besuch ging mir damals auf, wie sehr eine Landschaft unser Leben mitbestimmt. Und ich habe mich gefragt, welche Auswirkungen Landschaften auf mein Leben gehabt haben.

In Breslau geboren, Kindheit und Jugend in Westfalen verbracht, Ausbildung in der Lüneburger Heide genossen und Dienst in Südafrika und später in Niedersachsen. Und nun verlebe ich den Ruhestand in Braunschweig.

Kann man bei so einem bewegten Leben irgendwo zu Hause sein? Meine Frau und ich haben daraus gefolgert: Das muss eine Sache der Einstellung sein. Und wir haben die Einstellung entwickelt: Dort, wo wir derzeit leben, da ist unser Zuhause.

Und wie ist das mit Heimat? Auch das ist für uns wieder eine Sache der Einstellung geworden: Heimat sind die Menschen, bei denen wir uns wohlfühlen. Das müssen keine Verwandten sein. Das können auch Menschen eines anderen Kulturkreises sein.

Wo man sich wohlfühlt, wo man sich zu Hause weiß, wo seine Heimat liegt, da bilden sich auch bestimmte Traditionen heraus, die das zeigen.

Das Erntedankfest ist so ein Anlass, bei dem das deutlich und sichtbar wird. Das Fest wird von der Ernte und dem Dank bestimmt. In unseren Breiten wird es als Herbstfest begangen. Grob gesagt, feiern wir das Fest zwischen der Weizen- und der Rübenernte.

Für Asiaten wäre die Reisernte, für Menschen in Lateinamerika wahrscheinlich die Zuckerrohrernte und für die Eskimos der Arktis wohl der Walfang ein Grund zum Feiern und Danken.

Das, was geerntet wird, hat genauso Auswirkungen auf das Fest wie der Ort oder die Gegend, in der angebaut oder geerntet wird.

Bei den Grundnahrungsmitteln für das tägliche Leben merken die Menschen noch am ehesten die Verbundenheit mit der Natur. Die Bodenbeschaffenheit, die Niederschlagsmenge – also die Dinge, auf die wir Menschen nur begrenzten Einfluss haben – sind oftmals entscheidender als die Qualität des Saatgutes und die Bearbeitungsmethoden.

Heute haben sich Erzeuger von Grundnahrungsmitteln zu riesigen Produktionsbetrieben entwickelt. Maschinen, Automatisierung und Technik steuern Abläufe der Natur. Der Boden wird künstlich aufbereitet, das Saatgut gentechnisch verändert und damit veränderten Umweltbedingungen angepasst. Künstliche Berieselung und Beschattung soll von Regen und Sonne unabhängig machen.

In Südafrika gehörte Mais zu den Grundnahrungsmitteln. Mais braucht nicht viel Wasser, aber zu bestimmten Wachstumsstadien muss Regen fallen. Sechs Wochen ohne Niederschlag in der Regenzeit machen eine ganze Ernte zunichte. Auch wenn später noch genügend oder gar überdurchschnittlich viel Regen fallen sollte, hilft es den Farmern nichts mehr. Sie können die Ernte abschreiben. Wir sprechen dann von einer Dürre oder Hungersnot. Derzeit erleiden die meisten Staaten der sogenannten Sahelzone den Verlust ihrer Ernten durch zu große Niederschlagsmengen.

Wir Mitteleuropäer, die wir uns nicht über zu geringe Niederschlagsmengen beklagen können und die wir so viel an unseren Maschinen und technischen Geräte verdienen, dass wir überall und zu jeder Zeit unsere Grundnahrungsmittel zu fast jedem Preis auf dem Weltmarkt kaufen können, wir haben dadurch den direkten Zusammenhang von Ernte und Schöpfung verloren.

Unser Geld macht uns zu Halbgöttern. Machbarkeit übt einen größeren Reiz aus als Dankbarkeit. Besonders dann, wenn der Dank noch als Verpflichtung gegenüber einem Schöpfergott gefordert wird.

Langsam wächst jedoch durch Faktoren wie Globalisierung und Umweltzerstörung bei vielen Menschen das Gefühl, dass diese Machbarkeit ein großes zerstörerisches Potenzial in sich trägt. Umweltkatastrophen zeigen, dass für uns Menschen doch nicht alles machbar ist. Vielleicht entdecken wir Menschen dadurch wieder die Verbundenheit mit Mutter Erde, ein Angewiesensein auf einen Schöpfergott, der für uns zugleich Bewahrer und Fürsorger sein will. Nur dadurch, so scheint mir, kann wieder Dankbarkeit entstehen.

Mit meinen bisherigen Ausführungen habe ich versucht aufzuzeigen, dass mit dem Verlust der Unmittelbarkeit in den Lebenszusammenhängen auch ein Verlust von Dankbarkeit einhergeht.

Müssten beispielsweise hier und heute nicht eher als Kürbisse und Äpfel oder andere Agrarprodukte Maschinenteile oder andere Errungenschaften der Technik als Erntegaben auf den Altären liegen? Denn das sind doch die Dinge, die unser Leben in starkem Maße bestimmen. Von deren Produktion hängen doch unser Leben und unser Wohlstand ab. Ich nenne hier nur Handy, PC, CD oder die Antibabypille als Beispiele.
Wenn in der Bibel davon berichtet wird, dass die Gläubigen im alten Israel Brandopfer und den Zehnten darbrachten, dann bedeutete das für einen Viehzüchter Schafe oder Ziegen und für den Ackerbauern Früchte seines Feldes.
Für uns wären das Maschinen und technische Geräte aufseiten der Produzenten. Und bei den Menschen, deren Arbeit an den Produktionsstätten oder in den Dienstleistungseinrichtungen durch Scheine oder Münzen entlohnt werden, Geld.

Flutwellen verwüsten Landstriche in Indonesien und verheerende Regenfälle in der Sahelzone ganze Ernten. Der Krieg im Sudan kostet Hunderttausende von Menschenleben.

Aber Appelle helfen anscheinend nur bedingt.

Hängt das mit dem Erntedank zusammen? Wenn die Menschen ihr Angewiesensein aufeinander erkennen würden, wenn sich bei uns das Wissen um die bedrohte Schöpfung mehr durchsetzen würde, wenn wir beginnen würden, uns solidarisch zu fühlen mit der Bevölkerung weltweit, dann könnte daraus ein Segen für die Menschheit entstehen.

Aber Voraussetzung für solchen Erntedank als solidarischem Teilen ist das Wissen um den einen Schöpfer und unser Angewiesensein auf ihn. Wer glaubt, dass er Gott seine Existenz verdankt, der wird auch dankbar dafür sein.
Ich habe vor einigen Tagen ein Kind getauft, das als Frühgeburt zur Welt gekommen ist. Meinen sie, dass ich an die Eltern einen Appell zum Dank richten musste? Für sie war das Überleben ihres Kindes ein Wunder. Trotz der modernen Medizin und ihrer Möglichkeiten danken sie dem Schöpfergott, dass er ihnen dieses Kind geschenkt und am Leben erhalten hat. Und die Freude darüber, dass der Kleine die Schwierigkeiten des Anfangs überwunden hat, ist gepaart mit Dankbarkeit.

Wir müssen wieder staunen lernen. Wenn das Staunen die Selbstverständlichkeit ablöst, dann wird Danken wieder möglich.

Lassen sie mich noch einige Gedanken zu Kultus und Ritus des Erntedanks sagen.

Geld kennt keine Moral. Geld an sich hat auch kein schönes Gesicht. Entscheidend ist immer, was wir mit dem Geld machen. Das Auto, das jemand davon kauft, ist schön. Die Reise, die einer unternimmt, das Häuschen, das er baut, und was es sonst noch so sein mag, was sich jemand von dem Geld kauft und leistet, das ist schön.

Anders ist das bei den Naturprodukten. Beim Anblick von Obst läuft einem vielleicht das Wasser im Munde zusammen. Ein Kürbis lässt vielleicht Erinnerungen an eine leckere Suppe mit Kokosmilch und

Mandelflocken, mit Curry und Korianderblättern aufkommen. Und bei den Grundnahrungsmitteln stellen wir vielleicht fest, dass wir Nudeln lieber mögen als Kartoffeln.
Durch die sichtbaren Gaben stellen wir einen persönlichen Bezug her zu unserem Leben.

Erinnern sie sich noch an den Wal bei den Eskimos und den Reis bei den Asiaten?

Viele Menschen aus den ehemaligen Ostgebieten lebten und arbeiteten früher in und von der Landwirtschaft. Als gebürtiger Schlesier weiß ich, dass es einige von ihnen als Erntehelfer ins Braunschweiger Land verschlagen hat.
So wie Jahr für Jahr viele Polen während der Erdbeerzeit als Erntehelfer zum Obsthof Rieß nach Geitelde kommen.

Die Magdeburger Börde galt allgemein als fruchtbarer als viele andere Gebiete Deutschlands.

In einer Bevölkerung, die weitgehend landwirtschaftlich ausgerichtet ist, bilden sich bodenständige Traditionen heraus, die sich über Generationen lebendig halten.

Von daher ist es ihnen allen ein Anliegen, das Erntedankfest in einer besonderen Form zu begehen.

Dankbar sind wir daher für die Aufnahme hier in dieser schönen Kirche.
Dankbar sind wir auch, dass wir die Vielfalt eindrücklich vor Augen geführt bekommen und sie feiern können.

Dankbar können wir auch sein für den Wohlstand – obwohl das ja ein relativer Begriff ist. Unseren Wohlstand verdanken wir nicht zuletzt dem Umstand, dass wir noch nie in unserer jüngeren deutschen und europäischen Geschichte eine so lange Friedenszeit gehabt haben. So gesehen liegt in der Osterweiterung der EU die Chance für mehr Sicherheit und Wohlstand für alle in Europa und damit auch bei uns.

So wollen wir an dieser Stelle an die denken, die wahrscheinlich ebenso unverschuldet und unverdient wie wir am anderen Ende der Tafel sitzen.

Das Wort aus dem Hebräerbrief, das ich über die Predigt gestellt habe, verstehe ich nicht als Appell, dass wir bei unserem Wohlstand auch an die Not leidenden Nächsten, die Nahen wie die Fernen denken sollen. Wenn es heißt: *Gutes zu tun und mit anderen teilen vergesst nicht* – dann setzt die Solidarität mit dem Notleidenden eine heile Beziehung mit Gott voraus. Weil Gott Opfer gefallen, deshalb teilen wir. Weil wir Gott den Frieden, den Wohlstand und alles, was wir besitzen, verdanken, deshalb opfern wir.

Hier, in diesem besonderen Erntedankgottesdienst wollen wir unseren Dank nach der Predigt und dann noch einmal am Ende des Gottesdienstes zum Ausdruck bringen.

Die Kollekte wird zeigen, ob wir Gott mit einem Almosen abspeisen oder ob es ein Dankopfer sein wird.

Eine Kollekte verrät nicht nur etwas über unsere Beziehung zu Geld und Besitz, sondern auch über unser Verhältnis zum Geber allen Lebens.

Um Missverständnissen vorzubeugen, erinnere ich daran, dass dieser biblische Satz *„vergesst nicht Gutes zu tun“* nicht nur einem einzigen Tag des Jahres gilt. Nicht nur am Erntedankfest sind wir aufgefordert, Gutes zu tun. An jedem Tag des Jahres und in jeder Situation unseres Lebens gilt der Satz.

Um es noch pointierter zu sagen: Wir können uns nicht freikaufen von dieser Verpflichtung. Nicht durch ein noch so großes Opfer.

Gott, dem wir alles verdanken, möchte auch über alles der Herr sein. Er ist der Lebendige. Ihm gehört unser ganzes Leben. Und deshalb gebührt ihm auch der Dank dafür. Heute und an jedem Tage.

„Gutes zu tun und mit anderen teilen, vergesst nicht, denn solche Opfer gefallen Gott.“

Gott ist Liebe

21. Sonntag nach Trinitatis, 27. 10. 2007

1. Johannesbrief 4,16b

Gott ist die Liebe, und wer in der Liebe bleibt, der bleibt in Gott und Gott in ihm.

Das Alter. Die Bewegungen werden schleppender. Man bleibt stehen. Hält inne. Aber die Gedanken sind im Fluss. Sie sind nach vorn gerichtet. Fragen türmen sich auf. Geprägt durch Erfahrungen von Vergänglichkeit. Was wird noch alles kommen? Was bleibt? Hat überhaupt etwas Bestand? Solche Fragen kommen. Keiner ist dagegen gefeit. Schafft das Solidarität? Oder ist es nicht eher so, dass jeder darüber schweigt, weil er die Antwort nur allein geben kann? Jeder Mensch reagiert anders auf die gleichen Fragen. Tröstet das?

„Folge mir nach." Das Bibelwort hatten wir wörtlich genommen. *„Gehet hin in alle Welt"* auch. Nun war ich als junger Mann mit Anfang zwanzig auf dem Missionsseminar, um mich für den Missionsdienst in Afrika ausbilden zu lassen. Ich saß am Schreibtisch in meinem Studierzimmer und las ein Buch über Entmythologisierung. Von Theologie hatte ich keine Ahnung. Und das Buch beschäftigte sich mit Jungfrauengeburt und Auferstehung. Beim Lesen machte ich die Erfahrung, dass der Zweifel zum Glauben dazugehört, ebenso wie jede Münze eine Vorderseite und eine Rückseite besitzt.

Die Zweifel wurden so bedrängend, dass ich zu dem Seminarleiter ging. „Ich glaube nicht, dass Jesus Gottes Sohn ist", so oder ähnlich muss ich wohl geredet haben. Und er antwortete sachlich und bestimmt: „Dann trennen sich unsere Wege. Dann können Sie nicht Missionar werden." In meiner Studierstube saß ich an meinem Schreibtisch und starrte ins Leere, während es in meinem Kopf raste. Du hast deinen Beruf um des Glaubens willen aufgegeben. Und nun glaubst du nicht mehr? Die Gedanken kreisten und beschleunigten sich. Der Kopf wurde schwerer. Es war, als ob ein Felsbrocken auf meinen Schultern lastete. Ich bekam das Gefühl, als würde der Kopf platzen. Leere Sinnlosigkeit. Es war zum Verrücktwerden. Hätte ich einen Revolver gehabt, ich hätte mir in den Kopf geschossen, um mich davon zu befreien. Hilf mir, Herr, so betete ich immer wieder in meiner Verzweiflung. Und langsam stiegen andere Gedanken in meinem Inneren auf.

Was da in mir aufstieg, das war so gewaltig, dass es damals nicht nur den Zweifel besiegte, sondern mir auch für das weitere Leben Halt gab. Und ich habe die Gewissheit, dass dieser Glaube auch noch auf der Wegstrecke, die vor mir liegt, trägt. Weil dieser Glaube getragen hat, deshalb wird er auch weiterhin tragen. Und deshalb möchte ich ihnen von diesem Bleibenden weitergeben. Denn für mich war das die Entdeckung der frohen Botschaft in einer ganz besonderen Weise. Gott ist größer als alles, was wir von ihm denken und aussagen können. Diese Erkenntnis hat alle meine Zweifel besiegt. Was diese Erkenntnis in seiner Konsequenz für mich bedeutet hat, das möchte ich ihnen kurz erläutern.

Wenn das stimmt – Gott ist größer als alles, was wir von ihm denken und was wir über ihn aussagen können – dann schenkt diese Gewissheit Toleranz und Freiheit von der Angst. Was ich von Gott erkannt habe, das ist nicht falsch. Was sie von Gott erkannt haben, das ist auch nicht falsch. Auch wenn sich unsere Aussagen nicht decken oder wenn sie vielleicht sogar gegensätzlich sind, brauchen wir uns deshalb nicht zu bekämpfen. Gott ist mehr als wir von ihm denken können, ja, als alle Menschen von ihm denken können. Und wenn das so ist, dann haben alle unsere Gedanken und alle unsere Aussagen über ihn ihren Raum. Und es bleibt noch genügend Platz für zukünftige Gedanken und Aussagen. Denn Gott ist allemal größer. Er lässt sich nicht einfangen oder einsperren. Er sprengt alle unsere Gedanken und Vorstellungen und Bilder. Letztlich bleibt er für uns unverfügbar.

Solche Glaubensgewissheit macht den Kopf frei. Aber der Glaube ist nicht nur eine Sache des Kopfes und des Verstandes und der Vorstellung, sondern auch des Gefühls. Glaube ist nicht in erster Linie Kopf-, sondern Herzensangelegenheit. Die Seele, das tiefste Innere muss davon berührt sein. Und so kommt nun die Liebe ins Spiel, von der ja in der Bibel häufig die Rede ist.

„Gott ist die Liebe“. Unser Gott liebt. So unfassbar und so unaussagbar wie seine Größe ist, so ist auch sein Wesen, seine Liebe. Gottes Liebe, die uns allen nach den Worten der Bibel gilt, ist unfassbar. Sie gilt allen Menschen zu allen Zeiten. Das übersteigt alle unsere Vorstellungen. Gottes Liebe ist so groß, dass auch noch etwas übrig bleibt für die, die nach uns kommen.

Wenn das so ist, dann hat solche Gewissheit Konsequenzen. Wenn mich mein Herz verklagt, wenn ich mich schuldig fühle, wenn ich meine, versagt zu haben, wenn ich mir unnütz und schlecht vorkomme, dann macht Gottes Liebe nicht Halt davor. Auch da, wo ich falsch gehandelt habe, da, wo ich andere verletzt habe, wo ich schuldig geworden bin, auch da gilt Gottes Liebe. Alle meine dunklen Seiten, auch die sind von dieser Liebe Gottes umschlossen.

Diese frohe Botschaft begleitet uns im Leben und im Sterben. Auch wenn uns im Angesicht des Todes und der Schmerzen vielleicht Bilder, Gedanken, Gefühle und Vorstellungen von Gott trennen wollen, auch in solchen Anfechtungen gilt, dass uns diese Liebe Gottes umgibt. Sie ist wie die Hand, die immer unter uns geöffnet ist. Wir können nicht tiefer fallen als in diese geöffnete Hand Gottes. Das ist die Gewissheit des Glaubens. Und selbst über den Tod hinaus gilt: Ich kann aus dieser Liebe Gottes nicht herausfallen – was auch immer geschieht. Auch da, wo wir schwach werden, bleibt die Liebe Gottes stark und mächtig wirksam. Das ist unser verlässlicher Grund im Leben wie im Sterben.

„Was bleibt im Alter?“, haben wir uns eingangs gefragt. Die Antwort lautet: Gottes umfassende Liebe zu uns.

Darauf wollen wir uns verlassen, denn solcher Glaube allein schenkt Kraft im Alltag.

24. Sonntag nach Trinitatis, 02. 11. 2008 (Reformationsfest)

Philipper 2,12-13

Was feiern wir am 31. Oktober in Deutschland? Es kann sein, dass in wenigen Jahren nur noch eine Minderheit darauf antworten wird: Die evangelischen Christen feiern das Reformationsfest. Viele der heutigen Jugend werden sicherlich von Halloween sprechen. Halloween ist eine amerikanische Sitte, die durch irische Einwanderer ins Land gebracht worden ist. Ursprünglich wurde am Vorabend von Allerheiligen von den Kelten das Neujahrsfest begangen. Nach ihrer Vorstellung begegneten sie an dem Tag den Verstorbenen. Um sich vor ihnen zu schützen, verkleideten sich die Menschen und trugen Masken. Die Sitte, Kürbisse auszuhöhlen und ein Licht hineinzustellen, geht auf Jack O'Lantern zurück. Der Sage nach fand er nach seinem Tod weder im Himmel noch in der Hölle Aufnahme. Ruhelos wanderte er auf Erden und dabei trug er eine Laterne mit sich herum (ursprünglich wohl eine ausgehöhlte Rübe).

Beide Traditionen sind zusammengewachsen zum Halloween. An dem Tag feiern Menschen Partys und tragen dabei gruselige Masken und Kostüme. Für Satanisten ist der Tag von großer Bedeutung. Inzwischen macht die Freizeit- und Kostümartikelindustrie in Berlin beispielsweise an dem Tag schon größere Umsätze als im Karneval. Halloween ist also im Vormarsch, und das Reformationsfest befindet sich auf dem Rückzug. Das liegt auch daran, dass der 31.10. im Braunschweiger Land nicht die Tradition wie etwa in Sachsen hat, wo der Tag noch staatlich geschützt ist. In unserer Gemeinde sind Gottesdienste unter der Woche ungewohnt. Deshalb gedenken wir der Reformation, wenn der Tag nicht auf einen Sonntag fällt, am dem Sonntag, der dem 31.10. folgt.

Ich lege also der Predigt nicht den Text für den 24. Sonntag nach Trinitatis zugrunde, sondern den Text, der für die Predigt am Reformationstag vorgesehen ist. Er steht im Philipperbrief und ist in meiner Lutherbibel durch Fettdruck besonders hervorgehoben. Es sind die Verse

12c und 13 im zweiten Kapitel. Sie lauten: *„Schaffet, dass ihr selig werdet mit Furcht und Zittern. Denn Gott ist es, der in euch wirkt beides, das Wollen und das Vollbringen, nach seinem Wohlgefallen."*

Was bewirkt in unserem Leben Veränderungen? Wodurch ändert sich unser Verhalten? Zunächst einmal durch Ideen und Gedanken. Vielleicht setzt sich ein Mann das Ziel, in seinem Leben ein Haus zu bauen. Er fängt auf einmal an zu sparen. Er hält sein Geld zusammen. Alles ordnet er seinem Ziel unter. Dann geht er das Ziel an, und am Schluss ist er dann Hausbesitzer.

Andere Veränderungen werden durch Notsituationen hervorgerufen. Denken wir an einen Menschen, der schwer erkrankt ist. Wenn er seine Lebensgewohnheiten nicht umstellt, dann führt die Krankheit zum Tode. Nachdem er das weiß und die Beeinträchtigungen ihn behindern, stellt er seinen Tagesablauf um, seine Ernährung, und er bewegt sich mehr an der frischen Luft. Vorher hätte er das freiwillig so wohl nicht gemacht.

Ebenfalls eine Verhaltensänderung kann durch Androhung von Strafe erzielt werden. Aber wir wissen auch, dass das Geschäft mit der Angst langfristig zu keinem Erfolg führt. Deshalb bewirkt auch die Androhung von Höllenstrafen und Fegefeuer noch keine tiefe und grundlegende Änderung im Lebenswandel.

Was aber Menschen schlagartig von heute auf morgen zu gewaltigen Umstellungen bewegt, das ist die Liebe. Sicherlich kennen sie alle solche Beispiele. Ich habe bei einem jungen Mann erlebt, dass er Tausende von Kilometern fuhr, nur um seine Angebetete zu treffen. Liebe ist zu größten Anstrengungen fähig und bereit. Liebe kann verzichten. Liebe hält großem Leidensdruck stand. Die Liebe überwindet Schwierigkeiten, die normalerweise unüberwindlich scheinen.

Liebe kann man aber nicht machen. Liebe kann man nicht verordnen. So werden sicherlich einige von ihnen Schwierigkeiten haben, mit der Aufforderung in unserem Predigttext *„Schaffet, dass Ihr selig werdet"*. Richtigen Lutheranern klingt der Satz ohnehin verdächtig. Das scheint uns zu katholisch. Gott handelt zwar, aber der Mensch muss auch etwas dazu beitragen. Als rechte Lutheraner haben wir aber verinnerlicht: Kein Mensch wird gerecht durch seine Werke. Gott muss es schenken.

Hinzu kommt noch, dass es in unserem Predigttext schon im nächsten Vers lautet: *„Gott ist es, der in euch wirkt, beides, das Wollen und das Vollbringen, nach seinem Wohlgefallen."* Und damit liefern wir Faulpelzen und Ungläubigen die besten Argumente. Was soll ich mich um Dinge des Glaubens bemühen, „es ist doch allein die Tat Gottes". „Wieso soll ich mich ändern? Wenn es Gottes Wille ist, dann wird er schon eingreifen."

Auf zwei Feinheiten unseres Bibelwortes möchte ich hinweisen. Zum einen steht hier das kleine Wörtchen „denn" und nicht „aber". Es geht also nicht um einen Gegensatz zwischen göttlichem und menschlichem Handeln. Vielmehr geht es um ein Nacheinander. Und das drückt Luther zweitens in seiner Übersetzung für mich durch das Wörtchen „selig" aus. Es geht um den Schalom Gottes, seinen umfassenden Frieden. Es geht um das Heil für die ganze Welt. Wenn ein Mensch daran Anteil bekommt, dann bedeutet das für ihn Seligkeit. Der Mensch schafft also keine heilen Beziehungen oder eine friedliche Gesellschaft. Das Heil kommt allein von Gott her. Aber wenn ein Mensch sich diesem heilvollen Willen Gottes öffnet, dann führt das zu seiner Seligkeit. Es ist also ein Nacheinander. Gott handelt und sofern der Mensch Gott in seinem Leben handeln lässt, insofern ändert sich sein Leben.

Das ist Reformation. Tief greifende Reformen in der Kirche geschehen nicht dadurch, dass da jemand eine Parole herausgibt – heute würde man eher davon sprechen, dass jemand sagt, was „in" ist und das dann einige sagen: „Nun spucken wir mal in die Hände und dann geht es los."

Nein, der Weg ist ein umgekehrter: Zurück zu den Quellen (ad fontes). Umkehr, Hinkehr zu Gott oder, wie wir es im Vaterunser immer sprechen: „Dein Wille geschehe." Damit fangen tief greifende Veränderungen im Leben eines Einzelnen, im Leben einer Gemeinde, im Leben der Kirche an. Damit, dass Einzelne fragen: Herr, was willst du, dass ich tun soll? Da, wo Menschen von Gott alles erwarten, da werden sie auch Gottes Eingreifen erfahren.

Hören wir auf Gottes Wort. Das Gespräch mit Gott, das gemeinsame Nachdenken in unseren Kreisen über den Glauben, das sind Einlasstore für Gottes Wirken. Dr. Martin Luther war und ist uns allen immer noch ein Vorbild damit. Gewiss, die Zeit war reif. Es spielten viele Faktoren als Nährboden der Reformation eine Rolle. So war es auch eine Zeitenwende wie etwa zur Zeit der Geburt Jesu. Aber Luthers Frage nach dem gnädigen Gott führte ihn zu einem intensiven Glaubensleben. Durch Gebet und Bibelstudium wurde er selbst so sehr verändert, dass er auch auf andere prägend wirken konnte.

Unser Fehler in Kirche und Gemeinden liegt nicht in erster Linie darin, dass wir nicht zeitgemäß sind. Uns fehlt in erster Linie die Rückbesinnung auf die Grundlage unseres Glaubens. Jede tief greifende Änderung geht davon aus, dass der Einzelne, eine Gemeinde und die Kirche nach dem Zentrum des Glaubens fragen. Glaube ist die Freiheit des Menschen von sich selbst. Die Kehrseite davon ist der Gehorsam gegenüber Gott. Weil Gott Wohlgefallen an unserem Leben hat, deshalb gehorchen wir ihm. Das ist Glaube, das ist Leben – für den Einzelnen wie für eine Gemeinschaft.

Mahnung zum Frieden

Vorletzter Sonntag im Kirchenjahr, 06. 11. 2008
Volkstrauertag/ Gerichtssonntag

Matthäus 25,40b
Was ihr getan habt einem von diesen meinen geringsten Brüdern, das habt ihr mir getan.

Am Ende des Kirchenjahres geht es um letzte Dinge. So bedenkt die Kirche an den letzten drei Sonntagen im Kirchenjahr Tod, Gericht und Ewigkeit. Auf staatliche Anordnung wurde aus dem heutigen Gerichtssonntag der Volkstrauertag. Ich werde versuchen, beides miteinander zu verbinden. Aus diesem Anlass habe ich ein Wort aus dem heutigen Evangelium gewählt, das ich dieser Predigt zugrunde legen möchte. Es ist der zweite Teil von Vers 40 aus dem 25. Kapitel bei Matthäus. Das Bibelwort lautet: *„Was ihr getan habt einem, dieser meiner geringsten Brüder, das habt ihr mir getan."*

Lennard ist der Sohn einer nahen Verwandten. Sein Vater war bis zu seiner Frühpensionierung wegen einer Herzerkrankung als Landwirt tätig. Der Sohn, ein Baum von einem Kerl, hat sich bei der Musterung als Zeitsoldat verpflichtet. Er wird der Luftwaffe zugeteilt und kommt zu einem Instandsetzungsbataillon.

Sein erster Auslandseinsatz führt ihn in die ehemalige Sowjetunion. In Usbekistan, nahe der afghanischen Grenze, landet die Bundeswehrmaschine. Hier werden die Soldaten untergebracht, und von hier aus starten die Transportmaschinen, um Nachschub jeglicher Art in den Norden Afghanistans zu bringen, um die deutschen Kontingente der internationalen Einsatzgruppe zu versorgen.

Im Heimaturlaub hört sich vieles in seinen Erzählungen so an, als ob ein kleiner Junge aus der Lüneburger Heide durch den Kriegseinsatz ein Stück der großen, weiten Welt kennenlernt. Wahrscheinlich klang das im Zweiten Weltkrieg aus dem Munde der jungen Soldaten nicht anders.

Vielleicht spielte für Lennards lange Verpflichtung und den Auslandseinsatz eine Rolle, dass der Sold beim Auslandseinsatz erhöht wird und dann noch einmal eine Sonderzahlung als Gefahrenzuschlag hinzukommen kann.

Geändert hat sich gegenüber damals sicherlich die Kommunikation mit der Heimat. Dank Handy und Laptop kann ein Soldat heute schnell mal eine SMS an die Freundin oder eine E-Mail an die Familie schicken. Die Freizeit der Soldaten bestimmen die elektronischen Medien wie DVD-Filme oder PC-Spiele. Aber es scheint so, als ob Sauforgien und Frauen aufreißen auch weiterhin zu den beliebten Soldatenspielchen bei den jungen Wilden dazugehören.

Der erste Einsatz für Lennard war wie der Dienst in der Heimat mehr oder weniger Routine. Allein die Fremde machte den Unterschied aus. Fremde Menschen mit ihren so ganz anderen Sitten und Gebräuchen, die anderen Sprachen, die andere Landschaft und das andere Klima, waren das Besondere des Auslandseinsatzes.

Nach den Erzählungen hatte ich den Eindruck, dass sich sein militärischer Einsatz kaum von einem Urlaub im Ausland unterschied.

Ab jetzt gilt das nicht mehr.

Sein zweiter Einsatz führt den jungen Mann nun direkt nach Afghanistan. Wenn er vorher nur Material ins Lager einfliegen musste, so lebt und wohnt er nun im Lager. Er gehört weiterhin der Instandsetzungskompanie an. Er hat keinen Kontakt zur einheimischen Bevölkerung, abgesehen von den Hilfstruppen, die im Lager mithelfen. Er fährt auch nicht auf Patrouille. Aber als er den Marschbefehl erhielt, erreichte uns in Deutschland die Nachricht, dass eine Rakete im Lager eingeschlagen hatte.

Daraufhin hatten Lennard die vier Tage zwischen Erhalt seines Marschbefehls bis zu seiner Abreise verändert. Aus dem fröhlichen Jungen ist ein schweigsamer, nachdenklicher Mann geworden. Auch der Abschied war dieses Mal anders.

Beim ersten Einsatz hatte er noch eine berauschende Party mit seinen Kumpels gefeiert. Dieses Mal stieg der Geräuschpegel mit zunehmendem Alkoholgenuss zwar auch an, aber die ganze Atmosphäre spiegelte wieder, dass sich sorgenvolle Gedanken eingeschlichen hatten. Gedanken von Verletzung, Verstümmelung und Tod ließen sich auch durch den Alkohol nicht verdrängen.

Als Lennard sich von Eltern und Geschwistern verabschiedete, flossen Tränen. Nicht nur bei Mutter und Schwester. Auch bei ihm selbst.

Die Nachrichten sind inzwischen spärlicher geworden und klingen nicht mehr so euphorisch. Aus Gründen der Geheimhaltung bleibt wohl manches ungesagt. So begleiten die sorgenvollen Gedanken der Familie diesen Auslandseinsatz.

Volkstrauertag 2008, kein Anlass, daraus ein Heldengedenken für die Opfer zweier vergangener Weltkriege zu veranstalten.

Seit Beginn des Engagements der Bundeswehr in Afghanistan haben dreißig junge deutsche Männer dort ihr Leben verloren.

Die Anzahl der Truppen soll erhöht werden. Die Probleme der Amerikaner drängen danach, den Verbündeten mehr Pflichten und Verantwortung aufzubürden. Der Einsatz der deutschen Soldaten wird also ausgeweitet werden. Damit steigen die Risiken und deshalb rechnen die Militärs auch mit höheren Verlusten.

Male ich ihnen hiermit ein Schreckensszenario vor Augen? Will ich ihnen etwa nur Angst einjagen?

Nein, am Volkstrauertag möchte ich ihre Blicke nicht zurücklenken in eine ferne Vergangenheit, sondern vielmehr möchte ich ihnen die tödliche Bedrohung in Gegenwart und Zukunft vor Augen stellen. Die gegenwärtige Bedrohung ist doch nur ein Vorbote dessen, was noch auf uns zukommen wird.

Der Kapitalismus, der uns von Amerika her überschwemmt hat, ist zu einem tödlichen Virus geworden. Die Gier nach dem schnellen Reichtum hat sich in allen Ländern der Erde wie ein Krebsgeschwür ausgeweitet. Selbst die Politik konnte dem keine Grenzen setzen, wie die Finanzkrise ja eindrucksvoll gezeigt hat.

Kein Wunder, dass dies inzwischen weltweit von vielen Menschen und Völkern – und nicht nur von islamischen Staaten – als Teil einer westlichen Kultur angesehen wird, die auf anderen Kontinenten abgelehnt und bekämpft wird. Dieser Monopolkapitalismus ist eine immense Bedrohung des Weltfriedens. Und die Globalisierung der Finanzmärkte in Verbindung mit den elektronischen Medien trägt ein ungeheures Potenzial der Destabilisierung in sich. Die weltweite Verunsicherung lässt den Griff zu dem Waffen wahrscheinlicher werden. Terrorismus ist die Waffe der Ohnmächtigen.

Wenn eine Gas- oder Ölleitung durch ein Staatsgebiet geleitet wird, ohne dass dieser Staat Zugang zu den Ressourcen erhält, weil ihm die Finanzen fehlen, dann braucht es nicht Wunder zu nehmen, wenn solch eine Durchgangsleitung Ziel von Anschlägen wird.

Volkstrauer ist staatlich verordnete Trauer. Worüber sind wir traurig? Seit dem Zweiten Weltkrieg hat Deutschland in seiner jüngeren Geschichte die längste Friedensperiode gehabt. Und das hat dem gesamten Volk Wohlstand beschert. Ob der Wohlstand gut und gerecht verteilt ist oder ob man es hätte besser machen können, darüber gibt es natürlich unterschiedliche Meinungen.

Die friedliche Wiedervereinigung hat viel, viel Geld gekostet und wird es wohl auch noch auf Jahre hinaus kosten. Aber sie hat vielen Menschen eine andere Lebensqualität beschert und sie hat einen großen Beitrag zur Friedenssicherung geleistet.

Traurig müssen wir sein über den Einsatz in Afghanistan. Traurig müssen wir darüber sein, dass Völker wie Korea immer noch getrennt sind. Traurig müssen wir darüber sein, dass derzeitige Wirtschafts- und Finanzsysteme weltweite Ungerechtigkeiten zementieren.
Dadurch existieren Konfliktfelder, die weltweit genügend Sprengkraft in sich bergen, um eines Tages zu explodieren und sich zu einem Krieg unvorstellbaren Ausmaßes zu entwickeln.

Und als Damoklesschwert schweben über der weltweit zunehmenden Bevölkerung Klimawandel, steigender Bedarf an Nahrungsmitteln, Energie und Süßwasser, und die stetige Abnahme der Rohstoffreserven.

Anstatt sich ihrer Kräfte in kriegerischen Scharmützeln zu berauben, sollten sich alle Staaten darauf konzentrieren, die aufkommenden Gefahren abzuwenden. Es gilt die aufgezeigten Probleme der Zukunft jetzt, weltweit und gemeinsam als Herausforderung zu erkennen und mit aller Anstrengung gemeinsam anzugehen. Dabei haben Nationalismus und Partikularismus nichts zu suchen, wie uns die Finanzkrise deutlich macht. Jeder Euro, den wir in die Entwicklungshilfe geben, ist ein Euro, den wir für Rüstungsausgaben einsparen können.

Warum müssen wir denn in der EU mit militärischer Macht Dämme errichten gegen die Flut afrikanischer Einwanderer? Weil unser Geiz und unser Egoismus und unsere Raffgier noch nicht einmal die zugesagten Mittel an Entwicklungshilfe bereitgestellt haben.

Noch einmal: Jeder Euro, den wir für die unterentwickelten Länder spenden, mindert die Kriegsgefahr und sichert unseren Wohlstand.

Kriege haben nicht nur Landschaften und Landkarten verändert. Sie haben in erster Linie das Leben von Menschen und Generationen verändert. Kriege kennen nur wenige Sieger. Die meisten Menschen bleiben als Verlierer auf der Strecke. Kriege bescheren nur einigen wenigen Reichtum. Für die meisten Menschen bringen sie Not und Elend.

Deshalb kann ein Volkstrauertag nur eine Mahnung zum Frieden sein. Die vielen Toten der Weltkriege mahnen uns, all unsere Kraft einzusetzen, damit sich so etwas nicht wieder ereignet.

Und was hat das mit Kirche zu tun? Mit Glauben, mit Gott und mit Christsein?
Im heutigen Evangelium – so haben wir es gehört – heißt es: *„Was ihr einem dieser meiner Geringsten getan habt, das habt ihr mir getan."*

Da, wo Menschen und Völker keine Autorität mehr über sich anerkennen, da werden sie sich über Werte und Normen und Grenzen hinwegsetzen. Der hemmungslose Kapitalismus kennt keine Moral oder wie der Volksmund sagt: Geld stinkt nicht. Ohne eine göttliche Autorität werden sich Egoismus und Gewalt durchsetzen wollen. Gottlosigkeit aber vergrößert die Kriegsgefahr.

Rechter Glaube – besser gesagt: richtiger Glaube – dagegen nimmt den Nächsten immer mit in den Blick. Glaube an den Schöpfergott und Weltenrichter – wie die Bibeltexte für diesen Gerichtssonntag zeigen – aber mindert die Kriegsgefahr.

Volkstrauertag 2008, Gemeindehaus Rüningen

Eberhard Richter wurde am 28. März 1943 in Breslau in Schlesien – heute Wroclav in Polen – geboren.

Mein Vater wurde im Januar desselben Jahres auf dem Vormarsch deutscher Truppen durch einen Artillerievolltreffer in Russland getötet, also etwa zwei Monate vor meiner Geburt.

Als meine Mutter die Nachricht vom Tode ihres Mannes erhielt, wollte sie nicht mehr leben. Freunde überzeugten sie, dass sie nun die Aufgabe habe, für das Neugeborene da zu sein. Das wäre sie ihrem Sohn und ihrem Mann schuldig. Manche hielten es in diesen Tagen auch für eine Verpflichtung gegenüber Volk und Vaterland und dem Führer. Nicht so Mutter und ihre Freunde.

Meine Mutter hat also versucht – wie viele andere Frauen damals auch – ihr Kind als Alleinerziehende durch den Krieg zu bringen.

Nach Kriegsende kehrten wir in das zerstörte Breslau zurück, ehe wir 1947 von den Polen vertrieben wurden.

Es ist das erste Mal, dass ich dies öffentlich erzähle – und sie sind die ersten, die es zu hören bekommen. „Geht das jetzt so weiter mit den Erinnerungen eines alten Mannes?“, werden vielleicht einige unter den Jüngeren jetzt fragen. Pietätlos würden manche vielleicht gar fragen: „Hat er keinen Friseur, dem er das alles erzählen kann?“ Keine Angst. Es geht nicht so weiter. Ich finde auch, dass solche belastenden Erinnerungen eher beim Bier im Kreis von Gleichgesinnten ihren Ort haben, als an dieser oder anderer Stelle.

Obwohl – rufen wir uns das ruhig einmal in Erinnerung: Nach dem Jugoslawienkrieg haben sich Psychologen um die Kriegsopfer gekümmert.

Wer hat eigentlich nach dem Zweiten Weltkrieg Millionen von Menschen bei der Bewältigung ihrer traumatischen Erlebnisse geholfen?

Ich habe ihnen nicht von den Anfängen meines Lebens berichtet, weil ich der Ansicht bin, dass das ein besonderes Einzelschicksal gewesen wäre. Nein, unzählige Menschen haben damals so ein Schicksal erlitten. Es wurde sogar ein Buch geschrieben mit dem Titel „Die vaterlose Gesellschaft“.

Lassen sie mich das geschilderte Beispiel verbinden mit der Frage: „Wie sehr hat der Krieg Einfluss genommen auf das weitere Leben dieser Menschen? Was hat der Krieg z.B. aus meiner Mutter und ihrem Sohn gemacht?“ Das berühmte „Was wäre wenn“ steckt ja hinter den Fragen.

Um es noch deutlicher zu machen, setze ich als Gegenpol ein Beispiel aus unseren Tagen dagegen. Im letzten Jahr meines Dienstes habe ich ein junges Paar getraut. Beim Traugespräch ging es u.a. auch um die Zukunftsplanung der Beiden. Freudig teilten sie mir mit, dass sie sich bereits ein Haus für 500.000 € gekauft hätten. Sie hatten jeder ein Haus geerbt, das sie als Grundstock für das neue Domizil einbringen konnten. Da beide berufstätig waren, würden sie die Restschuld bei einer langen Laufzeit ohne Probleme abtragen können. Das würde ihr Konsumverhalten nicht mindern und ihren Wohlstand nicht beeinträchtigen.

Merken sie den Unterschied in der Lebensplanung? Über 50 Jahre Frieden in Deutschland und Europa – das ist wohl die längste Periode in der jüngeren deutschen Geschichte – hat die Erbengeneration mit Startchancen bedacht, wie sie Generationen vor ihnen nicht hatten.

Genügte das allein nicht schon als Aufruf zum Frieden? Die Erinnerung an die Gefallenen zweier Weltkriege kann nur eine Mahnung an uns Lebende sein, alles in unserer Macht stehende zu tun, damit sich nie wieder so viel Leid über die Menschheit ausbreitet, und alles daranzusetzen, dass von deutschem Boden nie wieder ein Krieg ausgeht.
Aber wie sieht unsere Gegenwart aus? Dreißig junge deutsche Männer haben ihren Einsatz in Afghanistan bisher mit ihrem Leben bezahlt.

Die wirtschaftliche Situation der amerikanischen Nation ist so desaströs, dass Amerika auf weitgehende Entlastung durch seine Verbündeten angewiesen ist. Ganz gleich welche Regierung bei uns an der Macht sein wird, sie wird auch bei einem Präsidenten Obama für die Kriegsschulden der Amerikaner in die Pflicht genommen werden. Schon jetzt muss das Kontingent unserer Truppen verstärkt werden. Und unsere personelle, materielle und finanzielle Verantwortung wird weiter steigen. Meinen sie, dass der erweiterte Einsatz keinen Blutzoll fordern wird?

Heute heißen die Kriegsgebiete Afghanistan, Irak und Kongo. Und morgen?

Ein Epidemiologe – also jemand, der die Ausbreitung von Seuchen erforscht – sagte mir in Südafrika: „Die Zukunft Südafrikas entscheidet sich in den Betten. Da werden Kinder gezeugt und da wird Aids verbreitet.“ Das war 1990.
Viele besorgte Wissenschaftler weisen auf die Gefährdung unseres Planeten hin. Bei ungenügender Vorsorge wird die wachsende Weltbevölkerung in der nahen Zukunft vielleicht schon bald Kriege führen um Nahrung und Trinkwasser. Die Klimaveränderung, die hemmungslose Ausbeutung von Rohstoffen, der verschwenderische Umgang mit nicht nachwachsenden Energiequellen wie Erdöl und Erdgas – das alles birgt so viel Zündstoff in sich, dass ein kleiner Funke oftmals schon reichen wird, um das Konfliktpotenzial zum Explodieren zu bringen.

Die EU errichtet an ihren Außengrenzen Schutzwälle aus Verordnungen und militärischen Sicherungen, um sich vor dem Heer der afrikanischen Wirtschaftsflüchtlinge zu schützen. Wir bräuchten keinen Cent dafür auszugeben, wenn die Industriestaaten den vereinbarten Leistungen in der Entwicklungshilfe nachgekommen wären.

Unser Egoismus, unser Wohlstandsstreben, unsere Gier nach dem schnellen Reichtum haben viele unterentwickelte Länder teuer bezahlen müssen. Ist es da ein Wunder, wenn viele Nationen weltweit den westlichen Kapitalismus ablehnen?

Terrorismus ist die Waffe der Ohnmächtigen. Wenn wir unser Verhalten nicht ändern, dann brauchen wir uns nicht zu wundern, wenn die Ohnmächtigen ihre Forderungen kriegerisch vortragen. Zum Weltfrieden gehören gerechte Handelsbeziehungen und ein gerechtes Währungssystem. Gerade die jüngste Finanzkrise hat uns allen weltweit die ungerechten Strukturen des Monopolkapitalismus vor Augen geführt.

Den größten Beitrag zur Friedenssicherung können wir in unserem so genannten christlichen Abendland leisten, wenn wir uns wieder auf unsere christlichen Wurzeln besinnen. Wer einen Gott über sich anerkennt, der bekommt ein anderes Verhältnis zur Umwelt und zum Mitmenschen. Und wer glaubt, dass der ferne Erdenbewohner ebenso Geschöpf ist wie er selbst, der kann in ihm keinen Konkurrenten oder gar Feind sehen.

Die Globalisierung hat uns näher zusammenrücken lassen. Nun braucht es auch neue Strukturen, damit daraus keine neuen Kriege entstehen.

Das ist für mich die Botschaft am Volkstrauertag 2008.

Buß- und Bettag, 19. 11. 2008

Matthäus 12,33-37 (35-37)
Nehmt an, ein Baum ist gut, so wird auch seine Frucht gut sein; oder nehmt an, ein Baum ist faul, so wird auch seine Frucht faul sein. Denn an der Frucht erkennt man den Baum. Ihr Schlangenbrut, wie könnt ihr Gutes reden, die ihr böse seid? Wes das Herz voll ist, des geht der Mund über. Ein guter Mensch bringt Gutes hervor aus dem guten Schatz seines Herzens; und ein böser Mensch bringt Böses hervor aus seinem bösen Schatz. Ich sage euch aber, dass die Menschen Rechenschaft geben müssen am Tage des Gerichts von jedem nichtsnutzigen Wort, das sie geredet haben. Aus deinen Worten wirst du gerechtfertigt werden, und aus deinen Worten wirst du verdammt werden.

Heute sind wir unter uns. Das hat verschiedene Gründe. Zum einen ist der Feiertag vor Jahren der Pflegeversicherung geopfert worden. Ein Berufstätiger müsste sich in der Regel wohl unbezahlten Urlaub nehmen, um am Gottesdienst zu diesem Zeitpunkt teilzunehmen.

Zum anderen liegt es daran, dass Gottesdienste unter der Woche bei uns hier keine Tradition haben. Aber ich vermute eher, dass unsere Mitglieder wenig anfangen können mit dem Gebet und mit der Buße. So sind wir hier heute unter uns in einer kleinen Schar von Eingeweihten. Wir wissen um den Schatz in irdenen Gefäßen. Wir sind Menschen des Gebetes und wir wissen um die Frucht der Buße. Ist doch so, oder?

Oder ist eher das Gegenteil der Fall? Obwohl wir von anderen vielleicht zur Kerngemeinde gezählt werden, tun wir uns schwer mit dem Gebet. Für wen unter uns stellt das Gebet denn wirklich die Kraftquelle dar, aus der wir leben? Beten wir regelmäßig oder benutzen wir das Gebet wie die Telefonnummer 112, wenn wir die Feuerwehr benötigen oder einen Rettungswagen? Und wenn wir regelmäßig nach dem Aufwachen oder vor dem Einschlafen beten, kommen wir dann nicht eher einer überlieferten Sitte nach als dem Verlangen, die Kraft Gottes durch das Gebet in unser Leben zu holen?

Mit der Buße tun wir uns wahrscheinlich noch um einiges schwerer. Wer von uns war in diesem Jahr schon bei einem anderen Christen, – es muss ja nicht immer eine Amtsperson wie der Pfarrer sein – um im Angesicht dieses Zeugen Gott sein Herz auszuschütten? Ohrenbeichte ist doch nur etwas für Katholiken und auch da ist Beichte auf dem Rückzug, mag mancher denken. So ein großer Sünder bin ich doch gar nicht. Ich halte die 10 Gebote. Ich habe noch nie jemanden bestohlen, ich habe keinen ermordet und auch keine Ehe gebrochen, mag nun jemand sagen.
„Wer eine Frau ansieht, ihrer zu begehren, der hat schon die Ehe gebrochen", sagt Jesus. Ich erweitere das: „Wer ein Kleidungsstück, ein Auto, einen Fernseher begehrt, der hat schon gestohlen." Die Radikalisierung kann uns in zweifacher Weise helfen: Erstens zeigt sie, dass wir gefährdet sind. Sage nie „nie". Auch der sich fromm wähnt, auch ihm kann so etwas passieren. Als Beispiel führe ich hier nur einmal den betrügerischen Umgang mit dem Geld an. Steuerhinterziehung und Steuerflucht, das, was bei den Reichen dank ausgebildeter Finanzberater und Anwälte gang und gäbe ist, das ist doch inzwischen ein Volkssport geworden. Wie viele Menschen mogeln bei der Steuererklärung und bezahlen ausgeführte Arbeiten – ob Dienstleistungen oder Handwerksarbeiten – unter der Hand. Täglich werden Alkoholsünder erwischt. Und die Reihe derer, die nicht erwischt werden, ist noch viel größer. Ob unterlassene Hilfeleistung oder Gefährdung im Straßenverkehr, viele unserer Handlungen sind Straftaten, auch wenn wir dafür von irdischen Gerichten nie zur Verantwortung gezogen werden. Denken sie einmal in einer stillen Stunde darüber nach und sie werden erschrecken vor den bösen Anteilen, die in ihnen verborgen liegen. Wäre das nicht so, dann wäre Jesus wirklich vergeblich gestorben.

„Des Menschen Trachten ist böse von Jugend auf", so sagt die Bibel. Die Psychologie spricht von der dunklen Seite des Menschen. Mir hat einmal jemand gesagt: „Irgendeine Leiche hat doch jeder noch im Keller liegen." Manche müssen ganz schön buddeln, um sie zu finden und dann auch noch freizulegen. Wenn man mit dem Finger hinter die Tapete kommt, dann stößt man manches Mal auf Überraschungen, im eigenen Leben wie im Leben des Partners oder eines Freundes. Aber machen sie sich bitte solch ein Herumstochern nicht zu eigen, weder für ihr eigenes Leben noch für das Leben eines lieben Mitmenschen. Denn sonst zerstören sie die Beziehung zu sich und zum Nächsten.

Die Radikalisierung hilft uns demütig zu werden vor unseren eigenen Möglichkeiten des Scheiterns. Wem die Augen übergehen ob des eigenen Versagens, der kann sich nicht über andere überheben. Er wird sich vor Kritik hüten und bescheidener werden in seinen Ansprüchen. Weshalb sind ältere Menschen in der Regel barmherziger im Umgang mit anderen? Weil sie besser sind? Wohl kaum. Sie verfügen nur über einen größeren Schatz an Erfahrungen. Sie haben auch in ihrem Leben erfahren, was alles so möglich ist. Deshalb können sie zumindest Verständnis für manche Sünden der Jugend aufbringen.
Die Radikalisierung kann aber auch die Notwendigkeit für die Güte Gottes aufzeigen. Alle unsere Anstrengungen werden uns nicht davor bewahren, schuldig zu werden. Wir sind ganz und gar angewiesen auf die Güte Gottes. Und darum Beichte.

Das will ich nun ein wenig näher ausführen. Beichte ist der große Schatz unseres Glaubenslebens. Dazu ein kleines Wortspiel. Wenn sie das Wort „Beichte“ zerlegen, dann steht in der Mitte das „ich“. Und was dann übrig bleibt, das heißt „bete“. Beichte heißt: „Ich bete“. Ob das Wortspiel auch in anderen Sprachen funktioniert, weiß ich nicht. Aber ich finde, dass dieses Wortspiel sehr gut wiedergibt, was Beichte meint. Mit all dem, das mich bewegt, gehe ich zu meinem Gott. Ihm erzähle ich alles. Oder besser gesagt, alles gebe ich ab.
In pietistischen Kreisen würde man wohl sagen: Wir legen es unter dem Kreuz Jesu ab.

Ich sagte es am Sonntag schon bei der Einladung zu diesem Gottesdienst. Reinigung. Es geht um Hygiene. So wie wir uns im Haushalt vor krankmachendem Schmutz durch den Hausputz befreien, so wie wir uns waschen, duschen oder ein Wannenbad nehmen, um uns körperlich zu reinigen, so wie wir unsere Kleidung waschen oder zur Reinigung geben, so nötig ist die seelische Hygiene. Was geben Menschen täglich für ihre körperliche Gesundheit aus! Manche haben ihre Ernährung umgestellt, eine ganze Industrie existiert, weil Leute sich fit halten. Aber was tun wir eigentlich für unsere seelische Gesundheit?

Wie nötig das ist, das sollen zwei Beispiele belegen. Sie handeln von Menschen, die Sie nicht kennen, weil sie nicht hier wohnen.

Vor Jahren traf ich einen alten Mann anlässlich seines Geburtstages. Er war schon an die neunzig Jahre alt. Wir waren allein, als ich mit ihm sprach. Und da erzählte er mir, dass er zur Wachmannschaft des Lagers Nordhausen gehört hatte. Eingeweihte wissen, dass tief im Berg eine Fabrik die Raketengeheimwaffe des Dritten Reiches baute. Tausende von Gefangenen und Fremdarbeitern sind dort aufgrund der harten Arbeit, der ungesunden Lebensbedingungen und der mangelhaften Ernährung umgekommen. Und dieser Mann gehörte zur Wachmannschaft. Seit dem Kriegsende hatte er beharrlich geschwiegen. Kein Angehöriger hatte je etwas von ihm darüber erfahren. Bis ins hohe Alter hinein hatte er das verdrängt gehabt. Aber nun brach es aus ihm heraus.

Das zweite Beispiel: Als ich mich in Afrika einer Operation mit Vollnarkose unterziehen musste, da schoss mir die Frage durch den Kopf: Und wenn du aus der Narkose nicht mehr aufwachst? Aus eigener Erfahrung weiß ich seit der Zeit, dass vor einer Operation bedrängende Fragen aufbrechen können. Und so habe ich es mir angewöhnt, dass ich – wenn möglich – Bekannte vor einer Operation noch besuche. Solche Besuche und Gespräche haben es dann in sich. Da kommt man manchmal sehr schnell zur Sache. Da interessiert nicht, ob es morgen regnen wird, oder welches Kleid man anziehen soll. Oder ob Bayern München Deutscher Fußballmeister wird. In solchen Situationen, da zieht das ganze Leben noch einmal als Kurzfilm komprimiert an einem vorüber. Da tauchen Bilder aus der Seele auf, die man schon längst entschwunden glaubte. Da merkt man erst einmal, welchen Ballast man über all die Jahre mit sich herumgetragen hat.

Vier Wochen hatte die Dame, die ich auf der Krebsstation besuchte, alle möglichen Untersuchungen über sich ergehen lassen müssen, bis sie dann die niederschmetternde Diagnose erhalten hatte. Und dann tauchten die bedrängenden Fragen auf: Werde ich die Operation überleben? Wie wird es dann weitergehen? Jetzt, wo ich mit meinem Mann im Ruhestand bin, jetzt können wir uns endlich einmal etwas gönnen.

Mit einem Schlage wurde der Frau bewusst, dass sie vielleicht keine Chance mehr bekam, Dinge in Ordnung zu bringen. Und dann flossen die Tränen in Strömen.

„Herr Pastor, meine Mutter hat mich mit 16 bekommen. Meinen Vater habe ich nie kennengelernt. Ich wuchs bei der Großmutter auf. Als ich 16 wurde, fragte mich die Oma: Hast Du etwas mit Jungen? Wenn Du jetzt ein Kind bekommst, Du, ich schlag Dich tot."

Wissen sie, was das mit der Frau gemacht hat? Sie heiratete zwar früh, aber sie hatte vor der Ehe keinen Verkehr. Die Hochzeitsnacht war das erste Mal. Aber sie können sich sicher vorstellen, dass sich da keine angestaute Lust in totaler Freude entlud. Vielmehr war da Angst. Als ihr der Arzt ein Jahr später das Baby in den Arm legte, da streckte sie ihre Hand abwehrend aus: „Nehmen Sie den Jungen weg, ich will den nicht." Unbewusst hatte sie ihren Jungen bis heute so behandelt. Und die Worte der Großmutter hatten das Verhältnis zu ihrem Mann unbewusst bis auf den heutigen Tag bestimmt.

Jetzt, angesichts der existenziellen Bedrohung, brach alles aus ihr heraus. Weder Sohn, noch Mann, noch irgendjemand hatte ihre Geschichte bisher gehört. Ich war dankbar, dass Gott mich zu ihr geschickt hatte, und dass sie sich in der Stunde so öffnen konnte. Jahrelang hatten die Verletzungen der Kindheit auf ihrer Seele gelegen. Die Erfahrungen hatten das Verhältnis zu Mann und Sohn bestimmt. Die Verletzungen waren vernarbt, aber jetzt brach die Wunde auf.

Beichte, das ist keine krankhafte Selbstbespiegelung oder Selbstbezichtigung. Es geht auch nicht darum, andere Menschen anzuklagen oder zu verurteilen. Beichte, das meint, die Leiche aus dem Keller zu holen. Das Belastende, das sind Verletzungen, die wir anderen zugefügt haben oder die wir im Kampf des Lebens davongetragen haben. Wir werden uns dessen bewusst. Aus dem Unbewussten holen wir sie ins Bewusstsein und wir bringen sie vor Gott. Und da ist es so wie mit einem Kleidungsstück und der Reinigung. Manchmal genügt eine behutsame Handwäsche oder bei 30 Grad in der Maschine. Bei Kochwäsche braucht es 60 Grad oder mehr. Und bei hartnäckigen Flecken ist es zweckmäßig, wenn wir das Kleidungsstück in die Reinigung geben.
Ein einfaches Mittel für seelische Hygiene steht schon in der Bibel: *„Lass die Sonne nicht untergehen über deinem Zorn."* Das kennen wir alle. Da hat man sich mit dem Partner gestritten und wälzt sich dann unruhig auf seinem Lager. Das lässt einen nicht schlafen. Die Bibel sagt ganz einfach, bitte deinen Partner um Verzeihung und du wirst gut

schlafen. Das ist jetzt meine Übersetzung. Wenn Ehepartner vor dem Einschlafen ihre Verfehlungen und ihre Verletzungen gemeinsam vor Gott bringen, dann bin ich überzeugt davon, dass sie der Segen Gottes begleiten wird. Sie tun etwas zu ihrer seelischen Gesunderhaltung und sparen das Geld für den Psychiater.

Regelmäßige Beichte – davon bin ich auch überzeugt – würde uns manchen Arztbesuch und manche Ausgabe für Medikamente ersparen und würde sich fruchtbar auf unser Zusammenleben auswirken.

Unser Bibelwort spricht von einem Herzen, das voll ist. Wenn ein Herz mit allen möglichen belastenden Dingen angefüllt ist, muss es dann nicht irgendwann einmal kollabieren? Ist etwa ein Herzinfarkt nur Folge einer falschen Ernährung? Steckt da nicht auch eine falsche Lebensführung dahinter?
Kann ein Herz, das randvoll gefüllt ist mit allerlei Schutt überhaupt noch andere Dinge wahrnehmen und aufnehmen? Nur wenn ich meine quälenden und bedrängenden Sorgen, Nöte und Gedanken losgeworden bin, bin ich offen für die Nöte meiner Mitmenschen.

Wir als Christen haben die Möglichkeit, anderen in aller Offenheit zu begegnen, weil unser Herz frei geworden ist, von all dem belastenden Kram. Wir können allen Schrott abladen und so anderen Menschen Entlastung bringen. Sehen sie unsere Mission heute? Nur wer frei geworden ist, ist auch frei für andere. Deshalb Beichte. Wir wollen frei sein von Schuld und Selbstzweifeln und Sorgen und Qualen, damit wir ein offenes Ohr und ein offenes Herz haben für die, die von dieser Quelle, die wir haben, nichts wissen oder sie nicht wahrnehmen.

Beichte nicht als Pflichtveranstaltung, sondern als Chance.
Und zum Abschluss eine Kurzformel für Buße, entnommen der Militärsprache: Halt – Kehrt – Marsch. Wir halten inne, wir bedenken unser Leben. Wir bringen alles Belastende ob Schuld oder Sorge oder Verletzungen vor Gott. Wir übergeben es ihm. Wir lassen es dort, denn wir wissen es da gut aufgehoben. Und dann brechen wir auf in ein neues Leben.

Das ist die Freude der Buße, wie ein Ausleger das Lukasevangelium einmal überschrieben hat. Diese Freude der Buße wünsche ich uns allen in unserem Christenleben.

Jesu Reaktion auf den Tod

Ewigkeitssonntag, 21.11.2010

Johannes 11,32-35

Als nun Maria dahin kam, wo Jesus war, und ihn sah, fiel sie ihm zu Füßen und sprach zu ihm: „Herr, wärst du hier gewesen, mein Bruder wäre nicht gestorben."
Als Jesus sah, wie sie weinte und wie auch die Juden weinten, die mit ihr gekommen waren, ergrimmte er im Geist und wurde sehr betrübt und sprach: „Wo habt ihr ihn hingelegt?" Sie antworteten ihm: „Herr, komm und sieh es."
Und Jesus gingen die Augen über.

Totensonntag sagen die einen, Ewigkeitssonntag die anderen. Der Totensonntag lenkt unsere Gedanken zurück und der Ewigkeitssonntag lässt uns nach vorn schauen. Was zurückliegt, das ist die alte Erde, und was vor uns liegt nennt die Bibel den neuen Himmel und die neue Erde. Wir aber leben im Jetzt.

Wo liegt ihr Lebensgefühl im Augenblick? Lebt unser Heute aus der Spannung zwischen dem, was gewesen ist, und der Sehnsucht nach dem, was sein könnte oder sein sollte?

Ich empfinde an so einem Tag wie heute die Todesmacht als bedrückend. Und da tröstet es wenig, dass mein Verstand mir sagt, dass wir bereits mit der Geburt das Todesvirus in uns tragen. Auch das Wissen, dass ich keine Ausnahme bin, dass alle anderen ebenso wie ich sterben werden tröstet nicht.
Auch wenn wir Tod und Sterben weitgehend aus unserem Leben ausgeklammert haben, erreichen uns die Bilder davon doch täglich. Durch das Fernsehen haben wir sie uns in unsere Wohnzimmer geholt. Täglich läuft auf irgendeinem Kanal ein Krimi. Was ist das anderes als ein spielerischer Umgang mit dem Thema? Und die Nachrichten aus Kriegs- und Katastrophengebieten weltweit liefern uns bildhafte und wortreiche Kommentare fast täglich frei Haus.

Manche stumpft das ab. Andere gehen innerlich auf Distanz, weil sich vieles räumlich weit von uns entfernt ereignet. Manche jedoch werden durch solche Bilder von Leid und Schmerz, von Sterben und Tod innerlich so aufgewühlt von diesem Leid anderer Menschen, dass sie dabei am eigenen Leib selbst Schmerz empfinden.

Inzwischen machen Presse, Rundfunk und Fernsehen ja vor kaum einem Tabuthema mehr Halt. Ob Pflegeheim, Krankenhaus, Gerichtsmedizin oder Bestatter – überall wird uns ein Blick hinter die Kulissen gewährt. Aber all die Informationen machen den Tod für mich nicht angenehmer. Auch wenn uns die Palliativmedizin die Angst vor den Schmerzen nehmen kann, dadurch bekommen weder Leiden, noch Sterben, noch Tod ein freundlicheres Gesicht.

Wenn ich in einer Todesanzeige das Wort „erlöst" lese, dann taucht bei mir sofort die kritische Frage auf: Und wenn der oder die Verstorbene nicht gelitten hätte, wäre der Tod dann auch als Erlösung verstanden worden? Oder hätte man dann nicht auch bei einem Hundertjährigen gesagt: Der Tod kam viel zu früh und unerwartet?

Nein der Tod ist zwar unser täglicher Begleiter von Beginn an, aber er kommt immer zur falschen Zeit und ungelegen.
Ich kann mich mit ihm nicht anfreunden. Und deshalb greife ich die Gefühlsregungen Jesu in unserem Bibeltext gern auf, wenn es da heißt: Jesus ergrimmte im Geist. Zorn als Reaktion auf Schmerz, Sterben und Tod, das kenne ich. Und Jesus ist zornig. Salopp gesprochen ist er stinksauer. Und wenn wir lesen, dass ihm die Augen übergingen, dann meint das, er weinte bitterlich. Er schluchzte Rotz und Wasser – würde der Volksmund sagen. Das macht mir den Gottessohn so sympathisch menschlich. Er empfindet so wie Du und ich. Das, was wir als Leiden ansehen, das sieht er genauso. Er verharmlost das nicht: Ach, es ist ja alles nicht so schlimm. Er rationalisiert auch nicht wie die Psychologie sagen würde: Ach Sterben, das müssen wir doch alle einmal.
Jesus hat die gleichen Empfindungen wie wir. Auch er kennt diese Gefühle von Ohnmacht und Trauer und Wut, genauso wie Du und ich.

Da leidet ein geliebter Mensch und ich kann ihm nicht helfen. Weder kann ich ihm etwas abnehmen noch etwas mittragen, um ihm Erleichterung zu verschaffen. Einfach nur hilflos dabeistehen – das bedeutet

auch für mich leiden. Das schmerzt. Ich kann ihm nicht beistehen, er muss seinen Weg allein gehen.
Solche Ohnmacht lässt wütend werden. Oftmals auf Pfleger und Ärzte, weil sie in solchen Situationen die Nächsten sind und vielleicht als einzige greifbar. Man möchte rufen: So tun sie doch endlich etwas! Und wenn es dann zu spät ist, dann haben sie als Erste oder Einzige die Schuld.
Das letzte Glied in dieser Kette ist unser Groll, den wir mit den Fragen „Warum?“ oder „Wie konntest du das zulassen?“ gegen Gott richten.

Das, was uns lieb und wichtig gewesen ist, das müssen wir hergeben. Mit dem geliebten Menschen wird ein Stück unserer eigenen Lebensgeschichte zu Grabe getragen. So nehmen wir Anteil am Sterben eines anderen Menschen. Und unser Leiden wird verstärkt durch die Endgültigkeit. Aus – vorbei – unwiederbringlich verloren – das ist das grausame Gesicht des Todes. Auch wenn wir das verdrängen, es ist so.
Und deshalb ist Jesus erzürnt. Er ist wütend, er ist traurig. Er kann sich mit der endgültigen Trennung nicht abfinden.

Der Mensch, der sich zu über 99,6 % in seinen Erbanlagen nicht vom Tier unterscheidet, wird mit weniger als einem Prozent der Erbanlagen zu einem einzigartigen Wesen. Und zwar jeder Mensch. Jeder von uns ist nach Form und Inhalt, nach Gestalt und Wesen und Ausdrucksfähigkeit und Wahrnehmungsfähigkeit mit Gaben ausgestattet, die ihn von jedem anderen Lebewesen und Menschen unterscheiden. Jeder von uns ist ein Unikat, eine Sonderanfertigung. Das macht jeden von uns so wertvoll.
Was hat Gott sich für Mühe gemacht, um diese Spezies Mensch zu erschaffen. Und dann soll nicht Gott, sondern der Tod das letzte Wort haben? Das will und kann Jesus nicht recht sein.

Und wie ergeht es den Schwestern des Lazarus, der Maria und der Martha? „Herr, wärest du hier gewesen, mein Bruder wäre nicht gestorben“, – sagen beide. Wie naiv! Wie passt das zusammen mit der Aussage der Martha: „Ich weiß wohl, dass er auferstehen wird bei der Auferstehung am Jüngsten Tage“?
Es scheint ebenso widersinnig wie die Auferweckung, denn von Lazarus erfahren wir später nichts mehr. Er wird trotz Auferweckung wie alle Menschen durch den Tod aus der Endlichkeit verschwunden sein.

Ich will einmal eine Deutung aus dem Glauben heraus versuchen. Wir leiden darunter, dass wir den letzten Weg allein gehen müssen. Beispiel Lazarus. Jesus war nicht da, so sagen die Schwestern.
Wir leiden unter der Grenze, die der Tod uns setzt. Für uns Hinterbliebene ist der geliebte Mensch jetzt in einem Raum, zu dem wir keinen Zutritt haben. Zeitlich und räumlich sind wir getrennt.

Verändert das Auftreten Jesu etwas? Für mich ja. Aber das ist nur eine Aussage, die ich im Glauben treffen kann. Gegen jeden Augenschein behauptet der Glaube: Jesus ist an meiner Seite. Ich bin nicht allein, wenn ich aus diesem Raum hinübergehe in einen anderen Raum. Und diese Gewissheit, dass ich auch in meiner Todesstunde nicht allein gelassen bin, die tröstet.
Ich habe es bei der Begleitung Sterbender erfahren, dass diese Gewissheit Frieden schenkt.

Das ist etwas anderes als billige Vertröstung. Es gibt eine Erlösung, die mehr ist als Resignation, so in dem Sinne von „ein Glück, dass es nun vorbei ist".
Erlösung im christlichen Sinn ist ein Getragensein im Glauben. Auch wenn ich alle Sicherungen in diesem Leben loslassen muss, mein Herr ist bei mir. Er begleitet mich, er ist an meiner Seite, er geht den Weg mit, wohin ich auch gehe.

Nach biblischem Zeugnis heißt das: Niemand kann sie aus meiner Hand reißen. So spricht die Gewissheit des Glaubens: Unser Herr hat uns durch dieses Leben begleitet, er ist auch auf der letzten Wegstrecke bei uns und er ist auch da, wo wir hingehen. So sagt der Apostel Paulus: *„Nichts kann uns scheiden von der Liebe Gottes, weder Tod noch Leben, weder Hohes noch Tiefes." (Römer 8,38-39)*

Und wie ist das mit dem Abwischen der Tränen und dem Ort des Friedens, wo es weder Leid, noch Schmerz noch Trauer geben wird, und wo das Bild vom Schaf, vom Wolf und vom Löwen, die friedlich nebeneinander grasen, ein Symbol ist für einen umfassenden Frieden der gesamten Schöpfung, nach dem sich alle Kreatur sehnt?
Wer die Liebe Gottes in seinem Leben erfahren hat, den wird die Zuversicht, dass diese Liebe ewig trägt, trösten. Und wer so getröstet ist, der wird seinem Gott auch noch Größeres zutrauen.

DER VERFASSER DANKT

seiner Ehefrau Gisela und Frau Christa Höfener sowie den Herren Reinhard Schalla und Dr. Reinhard Deichgräber für Anregungen und Korrekturlesen.

INDEX nach Themen

INDEX nach Bibelstellen

INDEX nach Predigtorten

Missionärrisches

Heitere Kurzgeschichten aus dem Missionsdienst in Südafrika

von Eberhard Richter

ISBN 978 3 937301 43 3, 140 Seiten, € 9,95
Verlag Ludwig-Harms-Haus –Missionshandlung–